誰でもわかる 金融論

代田 純

学文社

まえがき

　本書は，大学の金融論のテキストとして使用することを意図したものである。筆者が駒澤大学経済学部の金融論を講義するための，金融論ノートがベースとなっている。本書の主要な特徴は，以下の3点であろう。

　第一に，本書は，資金循環構造の家計，企業，政府，海外という4つの経済部門にそくし，さらに4つの経済部門の金融を金融機関が仲介するといった観点から構成されている。このため，第1章で資金循環構造を説明し，第2章で家計と金融，第3章で企業と金融，第8章で財政と金融，第9章で国際金融（海外と金融）を説明している。金融の全体像を，資金循環構造で説くことは，少なくとも大学生にとって理解しやすいと考えている。

　第二に，本書の第5章において，利子論を中心として，学説史的な説明を取り入れた。金融や利子に関する基本問題は，19世紀のイギリス古典派経済学まで遡及する。今日の日本で，金融政策をめぐって，リフレ派対反リフレ派と呼ばれる議論も，原型は19世紀の通貨学派と銀行学派にあると言える。さらにマーシャル，マルクス，ケインズ，ヒックス，フィッシャー等の利子論を一通り説明した。利子論は経済学の歴史においても，重要な論点であった。

　第三に，本書の第10章において，デリバティブを可能な限り平易に説明したことである。今日，債券市場においても，株式市場においても，さらに外国為替市場においても，デリバティブは大きな存在となっている。現物市場よりも，先物市場のほうが大き

く，先物での価格形成が現物での価格形成を主導している。デリバティブの存在感は高まっているが，学生向けにわかりやすく解説したテキストは少ない。本書では，先物，オプション，スワップに関し，入門的に解説した。

筆者は川口弘中央大学名誉教授に指導を受けた最後の世代である。大学院において，川口先生の『ケインズ一般理論の基礎』（1977年，有斐閣）等をテキストとして，難解な理論に関した講義を受け，35年近く経過した。今回，本書で利子論の学説史をまとめるにあたり，再び川口先生の『金融論』（1966年，筑摩書房）等を参考にした。先生の名著は，今日でも存在意義を有していると改めて感じた。

勤務先の駒澤大学で2016年4月～2017年3月の1年間，在外研究期間をいただいた。前半（2016年4月～9月）はドイツのミュンヘン大学において，後半（2016年10月～2017年3月）は京都の立命館大学で研究に専念できている。本書の原稿は，主として，ドイツのミュンヘンにおいて書き上げた。筆者は，ドイツのミュンヘンに1997年にも滞在したが，20年近く経過し，ドイツの生活環境も大きく変化していた。その成果の一部は，本書の第9章にも反映されている。

公益財団法人日本証券経済研究所には，客員研究員として，日常的に研究上の便宜を受けている。厳しい出版事情のなか，本書をお引き受けいただいた，学文社の田中千津子社長にお礼申し上げる。

2016年11月　京都にて　　**代田　純**

目　　次

第1章　金融と通貨……………………………………………………1
　Ⅰ　金融の定義と範囲　1
　　(1) 部門間資金循環　1 ／ (2) 貸借と出資　7 ／ (3) 決済機能　8
　Ⅱ　通　　貨　9
　　(1) 現金通貨　9 ／ (2) 預金通貨　12
　Ⅲ　通貨の役割と範囲　13
　　(1) 通貨の役割　13 ／ (2) 通貨の範囲　14

第2章　家計と金融……………………………………………………21
　Ⅰ　家計と貯蓄率の動向　21
　Ⅱ　家計の資金運用と資金調達　23
　　(1) 家計と銀行預金　27 ／ (2) 家計と保険・年金　28 ／ (3) 家計と株式保有　29 ／ (4) 家計と借入　30
　Ⅲ　小切手とクレジット・カード　32
　　(1) 小切手　32 ／ (2) アメリカにおける小切手とクレジット・カードの発展　32
　Ⅳ　消費者金融　35

第3章　企業と金融……………………………………………………39
　Ⅰ　企業の資金需要　39
　　(1) 運転資金　39 ／ (2) 設備資金，その他　42
　Ⅱ　企業の資金調達　44

(1) 内部資金 44 ／ (2) 外部資金 46 ／ (3) アセット・ファイナンス 55

第4章　金融機関 …………………………………………… 59

Ⅰ　金融機関の区分　59

(1) 債務証書発行による区分　59 ／ (2) 信用創造機能（決済機能）による区分　60 ／ (3) 公的金融機関と民間金融機関　60

Ⅱ　銀　　行　61

(1) 銀行貸出　61 ／ (2) 貸出のポイント　64 ／ (3) 銀行の種類　70

Ⅲ　保険会社　76

(1) 生命保険会社　76 ／ (2) 損害保険会社　79

Ⅳ　証券会社　80

第5章　金利と利回り ………………………………………… 85

Ⅰ　経済学と金利の理論　85

(1) 古典派における通貨学派と銀行学派　85 ／ (2) マーシャルの貯蓄・投資の利子率決定論　87 ／ (3) マルクス『資本論』の利子論　88 ／ (4) ケインズの流動性選好説　90 ／ (5) ヒックスによる $IS\text{-}LM$ 分析　92 ／ (6) 新古典派とフィッシャー方程式　94

Ⅱ　利 回 り　95

(1) 株式投資と利回り　96 ／ (2) 債券投資と利回り　96

Ⅲ　金利・利回りに影響する要因　99

(1) 期　　間　99 ／ (2) 信用度　100 ／ (3) 物価動向　100 ／ (4) 景　　気　101

目　次　v

第6章　中央銀行……………………………………………103

　Ⅰ　日本銀行法　103

　Ⅱ　中央銀行の3つの役割　104

　　⑴　発券銀行　104　／　⑵　銀行の銀行　106　／　⑶　政府の銀行　106

　Ⅲ　中央銀行の金融政策手段　108

　　⑴　基準貸付利率（公定歩合）　110　／　⑵　公開市場操作　112　／　⑶　預金準備率操作　116

　Ⅳ　量的緩和（QE）政策とマイナス金利政策　117

　Ⅴ　日本銀行の財務構造と将来　120

第7章　短期金融市場と証券市場……………………………123

　Ⅰ　短期金融市場　123

　　⑴　コール市場　125　／　⑵　レポ取引　127　／　⑶　CDとCP　130　／　⑷　円　転　131　／　⑸　日銀オペ　131　／　⑹　国庫短期証券　132　／　⑺　円　投　132

　Ⅱ　証券市場　133

　　⑴　公社債市場と株式市場　133　／　⑵　発行市場と流通市場　136

第8章　財政と金融……………………………………………143

　Ⅰ　税収の低迷と歳出膨張　143

　　⑴　日本の財政体質　143　／　⑵　税収の構成　144

　Ⅱ　公債の増加　147

　　⑴　国　債　148　／　⑵　政府保証債　152　／　⑶　地方債　152／　⑷　財投機関債　153

Ⅲ　財政投融資　154

（1）財政投融資の改革　154／（2）改革前の財政投融資と公的金融　157／（3）財政投融資改革と変化　160

第9章　国際金融 …………………………………………163

Ⅰ　国際収支の仕組み　163

（1）経常収支　163／（2）金融収支　166

Ⅱ　為替レート　169

（1）円と為替レート　169／（2）為替レートの決定理論　171

Ⅲ　ユーロと欧州中央銀行（ECB）　174

（1）通貨統合の理論　174／（2）経済格差とユーロ　176／（3）欧州中央銀行（ECB）とマイナス金利政策　178

第10章　デリバティブ ……………………………………183

Ⅰ　先　　物　183

（1）先物とは　183／（2）先物取引の仕組み　185／（3）先物価格　187／（4）先物の投資方法　188

Ⅱ　オプション　191

（1）オプションとは　191／（2）オプション取引の仕組み　193

Ⅲ　スワップ　196

（1）スワップとは　196／（2）金利スワップ　196／（3）外国為替関係のスワップ　197

参考文献 …………………………………………………201

第1章 金融と通貨

I 金融の定義と範囲

(1) 部門間資金循環

「金融」とは何か。以下では，部門間資金循環，貸借と出資，決済機能という3つの観点から，金融の定義について検討する。

最初に部門間資金循環に関し説明する。ここでいう「部門」とは，家計，企業（法人），政府，海外という4つの経済部門である。基本的な説明としては，金融とは4つの経済部門間で資金が循環していること，ということになる。

経済学（金融論）では全体としての個人を「家計」と呼ぶ。「家計」というと家計簿という言葉が頭に浮かぶ。家計簿は，家庭の収入と支出を帳簿にしたものだが，その家計である。住む家やマンションを買う場合，全額を現金で支払う家計は稀である。頭金を支払い，残りを住宅ローンで借り入れることが普通である。この場合，住宅ローンを借りる人は通常，主たる収入を得ている個人であるが，経済学では家計として借りていると考える。家計部門とは，家庭を中心とする個人の生活単位が集合したものである。住宅ローンを借りることは，家計において資金調達である。他方，収入－支出が黒字（余剰）となり貯蓄が形成され，銀行に預金すれば，資金運用となる。

企業は原材料を仕入れ，労働力を雇用し，付加価値をつけて販売し，収益をあげることを目指す。生産活動を行ううえで，生産

設備を増加させることが必要となれば,設備投資を行う。設備投資の資金が内部資金で不足するならば,企業は銀行から資金を借りる,社債や株式を発行して資金を調達する,といったように,金融により資金を調達する。企業を法人と呼ぶこともある。また企業や法人といった場合,通常は金融以外の非金融企業・法人を指す。他方で,企業が余剰資金を持ち,預金をしたり,有価証券を購入すれば,資金運用となる。

政府は所得税や消費税で税収を集め,社会保障や公共事業などで政府支出するが,基本的に政府支出が税収を超過すれば,財政赤字となる。この場合,政府は借入れをするか,国債を発行する。企業が国債を買えば,資金は企業から政府に流れることになるし,家計が国債を買えば,資金は家計から政府に流れることになる。企業や家計は資金繰りに余裕がある場合(資金余剰の場合),国債を購入して利子収入を得ようとする。

日本の国債を海外の家計や企業,もしくは海外の金融機関が購入する場合,資金が海外から日本の政府へ流れることになる。また逆に,日本の家計がボーナスなどで余剰資金があり,それを米ドル建て預金など外貨建て預金にするならば,日本の家計から海外へと資金が流れることになる。

以上のように,家計や企業,政府そして海外といった経済部門間で資金が流れることを金融論では部門間資金循環(マネーフロー)と呼ぶ。この場合,中間に金融機関が入る場合と,金融機関が入らないで経済部門が直接,資金をやりとりする場合がある。金融機関が入る場合,間接金融と呼ばれ,金融機関が入らずに直接となる場合,直接金融と呼ばれる。

以下では，資金循環のパターンをケーススタディする。家計→金融機関→企業という関係（間接金融の基本的パターン）は，家計が資金を金融機関に預け，金融機関が企業に貸し出す関係を示す。家計は通常ほとんどの国で資金余剰部門である。資金余剰部門とは，入ってくる資金（収入，売上高）よりも出ていく資金（消費，投資）が少ないために，資金が余る（資金余剰）部門である。所得－消費＝貯蓄と表すこともできる。通常，家計は所得が消費支出よりも多いため，資金余剰となり，金融機関に預けることになる。「金融機関に預ける」ことは銀行に預金するだけではない。「万が一」に備えて，生命保険に加入する，もしくは住宅の火災に備えて損害保険に加入することも含む。また老後の生活に備えて各種の年金に加入し，年金掛金を支払うことも含む。金融論でいう「金融機関に預ける」とはこれらを全て含む。

　なお，「たんす預金」も貯蓄である。

　金融機関は家計部門の資金余剰が集まることを見越して，企業に貸し出す。この場合，銀行はもちろん，生保や損保も企業むけに貸し出す。日本の企業は高度成長期（1960～1970年代）に活発な設備投資をしたため，強い資金需要を持っていた。このため企業は銀行など金融機関から大きな借入れをしてきた。以上の流れでは，金融機関が家計に金利を支払い，企業が金融機関に金利を支払っている。また企業は「負債」として金融機関から借り入れ，また銀行などは負債として家計から預金を受け入れる。

　家計と企業を結ぶ関係は，以上の場合と異なり，直接的な場合がある（直接金融）。家計→企業という関係は家計から企業に証券形態でお金が流れる場合である。企業が資金を調達する場合，

上記のように金融機関から借り入れる方法のほかに、証券を発行することも可能である。企業が発行する有価証券の代表的なものは、社債や株式である。企業が資金を集めるために、社債（例：○×電力債）や株式を発行し、家計が購入する場合が該当する。家計（個人投資家）が証券市場で企業証券を購入し、家計（個人投資家）から企業へ直接お金が流れている。

直接金融において、証券会社が仲介するが、家計の資金は証券会社の負債とならない（バランス・シートに反映されない）。他方、間接金融においては、家計の資金は銀行預金や保険会社の保険料として負債となる（バランス・シートに反映される）。このように、直接金融と間接金融において、金融機関の機能は異なっている。

近年の日本での部門別資金循環を図表1-1が示している。これによると、家計部門はかつて大幅な資金余剰だったが、傾向的に資金余剰が縮小している（2003, 2008, 2015年度など）。これについては多様な要因が影響していると言われている。家計は住宅の取得にあたり、貯蓄を取り崩し、金融機関から借入れ（住宅ローン）をしてきたため、という見方がある。また日本で高齢化が進んでいるが、高齢化が進むなかで、高齢者が過去の貯蓄を取り崩して生活しているため、との見方もある。いずれにしても、家計部門は資金余剰ではあるが、大幅な貯蓄の担い手ではなくなってきている。

家計に代わって大幅な資金余剰となってきた部門が、民間非金融法人（企業）部門、つまり法人部門である。法人部門は歴史的には大幅な資金不足部門であった（図表3-4も参照）。これはわが国の高度経済成長（1960年代から1970年代）が企業の設備投資

図表 1-1 部門別資金循環

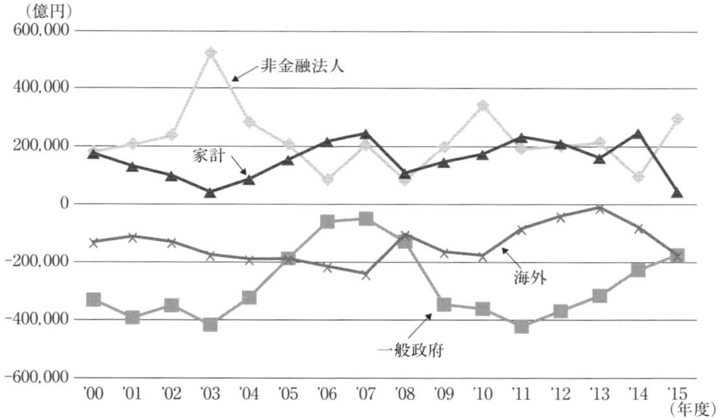

出所:『日本銀行統計』等から作成。

主導であり，設備投資のために企業は大きな資金需要をかかえていたためである。他方，家計は大幅な資金余剰にあり，家計の貯蓄が金融機関に集められ，間接金融経由で企業に貸し出されてきた。また1990年前後には，企業は銀行から借入れをして，株式や不動産で運用するといった行動をとったため，資金不足となった。しかし1990年代の後半から企業を取り巻く環境は大きく変化した。まず企業は負債（銀行借入れなど）を減らすリストラを進めた。また不況により設備投資を抑制する傾向が強まった。この結果，企業の資金需要は減少し，設備投資も自己資金で足りることとなった。こうして「大企業の銀行離れ」が進み，企業は資金余剰に変わっている。トヨタ自動車など大手の企業は，銀行借入れが

減少する一方，預金や証券で資金を運用するようになっている。ただし，一概に企業（法人）といっても，大企業と中小企業では大きな格差がある。大企業が直接金融も可能であるのに対し，基本的に中小企業は銀行借入など間接金融が中心である。そして銀行などの「貸し渋り」のなかで，地方の中小企業などでは資金繰りが逼迫する面もある。企業（法人）全体の資金余剰は大企業の影響である。

最も資金不足が深刻化している部門は一般政府部門となっている。一般政府とは，中央政府，地方政府など政府部門の合計である。90年代以降の不況で税収が減少した半面，景気対策として公共事業が実施されたことや，高齢化の影響もあり社会保障費が増加したこと等で，政府支出は増加してきた。この資金不足をまかなうため，政府は多額の公債（国債や地方債など）を発行してきた。中央銀行である日本銀行によって，ゼロ金利政策や量的緩和政策がとられ，公債の発行コスト（利払い費）は抑制されたため，政府は容易に公債が発行できた。

海外部門は資金不足になっているが，これは日本から海外へ差し引きで資金が流出していることを意味する。日本から海外へお金が流れる要因として，対外直接投資や対外証券投資がある。他方，海外から日本へお金が流れる要因として，対内直接投資や対内証券投資がある。海外へ資金が流出する対外直接投資は，日本企業が海外へ進出するため，工場を建設する，設備投資する，製造のため現地企業の株式を取得する，といったことを意味する。近年，日本企業の対アメリカ，対アジアの直接投資は非常に増加してきた。また対外証券投資も急増してきた。日本国内の金利が

2000年以降ゼロに近づき、2016年以降マイナスとなるなか、家計から海外の投資信託などへ資金が流れてきた。こうした日本から海外へ流れる資金が、海外から日本へ入る資金（海外企業の日本進出、外国人投資家の対日証券投資等）よりも多いため、海外は資金不足部門となってきた。

　以上のように、近年の日本の部門別資金循環は企業（非金融法人）が大幅な黒字、政府が大幅な赤字、家計の黒字が縮小、海外が赤字で日本から資金流出となってきた。

(2) 貸借と出資

　家計→金融機関→企業といった資金循環の場合、家計は銀行等に預金し、銀行等は企業に貸し出しする。家計にとって預金は金融資産だが、受け入れた銀行にとり預金は負債である。バランス・シートとしては、銀行は負債としての預金と資産としての貸出を持つ。そして企業は借入れを負債とする。

　以上のように、金融は資金循環であるという場合、資金が資産と負債により、貸借されている。この一連の流れを債権・債務関係とも呼ぶ。この場合、資金を貸す側は利子を得ることが貸す動機となる。また借りる側は利子を支払うことで、資金を調達し、一時的に資金繰りを可能とする。したがって、金融は基本的には貸借関係である。

　しかし、金融には出資する側面もある。株主は企業の株式を保有することで、企業の資本金に資金を出している。企業にとり負債は一定期間後に返済する必要があるが、株式は企業への出資として永久資本であり、返済する必要はない。むしろ株式への出資

は企業の「オーナー」となることだから,出資することで株式を保有することは,自ら会社を営むことである。これは株式による直接金融である。

近代株式会社の特質として,「所有と経営の分離」があげられる。資本主義の勃興期にあっては,企業の所有者としての株主と経営者としての社長が同一人物ということも多かった。しかし,企業規模が拡大し,株式によって広く社会的資金を調達する必要が生じると,株主=所有者と経営者が分離することになる。株主は企業に株式で資金を出資し,経営者は株主から資金を受け入れ,経営に専念することになった。このように株主は株式資本に出資しており,企業からすれば株式でファイナンス(資金調達)しているが,これも金融に他ならない。出資としての金融では,利益分配として配当が発生する。金融は貸借(資産・負債)と同時に,出資(資本)も含む。

(3) 決済機能

家計では電気や水道,電話などの公共料金は多くの場合,銀行の預金口座から引き落とされている。さらにクレジット・カードで購入した場合,通常1ヵ月後くらいに銀行の預金口座から引き落とされる。こうしたことを金融論では決済と呼ぶ。決済とは,最終的な支払い(Final Payment)である,とも言える。

決済は銀行にしかできない。例えば,証券会社の口座で株式を購入していても,電気料金の最終的な引き落としはできない。また国債の投資信託(MMFなど)のように,預金に近い性格の資金を持っている場合にも,最終的には銀行の預金口座に振り込ま

れて決済される。コンビニでの公共料金振込みも,コンビニ自体が決済するのではなく,コンビニが銀行口座への振込みを代行している。証券会社や保険会社,またクレジット・カード会社やコンビニには決済機能はなく,銀行が独占している。この点は銀行が預金を集めるうえでも,大きなメリットとなってきた。

　決済にあたっては手数料が発生することはあっても,利子が直接発生するわけではない。しかし決済機能は金融の重要な構成要素である。これは通貨が商品やサービスの販売に伴う支払いの機能を持つためである。現金である日本銀行券(お札)は商品を購入した時に,支払いのため支出される。また銀行の預金口座から,公共料金やクレジット・カードの代金が引き落とされ,最終の支払いがなされる。現金や預金が支払い手段という機能を持っていることから,決済は金融の重要な構成要素である。

Ⅱ　通　　貨

(1) 現金通貨

　日常でいう資金のことを,金融論では「通貨」とも呼ぶ。大学の教養課程の経済学や,経済原論もしくは理論経済学などの講義で,「貨幣」と学んだかもしれない。経済学の歴史を振り返れば,マルクス(K. Marx)やケインズ(J. M. Keynes)といった経済学者が,「貨幣」という言葉を使用してきた。ケインズの主著は,『雇用・利子および貨幣に関する一般理論』であり,貨幣(Money)という用語が使用されている。経済学の歴史では,「貨幣」という用語が一般的であり,今日でも「電子マネー」という用語が使用されるように,「貨幣」という用語は市民権を有している。

しかし，わが国の法律である，「通貨の単位及び貨幣の発行等に関する法律」では，貨幣とは硬貨を指し，通貨とは硬貨と日本銀行券（日銀券）を指す，と規定している。法律の世界では，通貨とは現金通貨であり，現金通貨は貨幣（硬貨）と日銀券から成っている。したがって，経済学の世界では「貨幣」という用語が使用されるが，法律の世界では「通貨」という用語が使用されている。金融論において，現金通貨とは，硬貨と日銀券である。硬貨と日銀券は現金通貨として共通性があるが，以下のような違いがある。

日銀券は紙幣であり，その発行主体は日本銀行（日銀）である。しかし，硬貨の発行主体は政府であり，日銀ではない。100円硬貨や10円硬貨を見ると，日本国と書いてある。つまり，硬貨の発行主体は政府で，日銀ではない。こうした関係は日本独自ではなく，先進国に共通している。各国とも，紙幣は中央銀行の発行，硬貨は政府の発行となっている。

発行主体が異なることの理由は，戦争とインフレであろう。戦争にあたり，どこの国の政府も戦費のため，巨額の国債を発行し，中央銀行券の発行により消化した。結果として，程度の差はあれ，各国ともインフレーションを発生させた。そこで戦後，各国は紙幣の発行権を政府に与えると，金融政策が政府の政治的都合でゆがむため，紙幣の発行権を政府に与えなかったと考えられる。他方，硬貨は現金残高のなかで金額が少ないことや，金属的な価値があるため乱造がしにくく，政府に任せても問題になりにくい。

現在の日本における現金残高を見ると，2015年末で合計約103兆円のうち，約90兆円が1万円札となっており，硬貨は合計でも

図表1-2　現金残高の対GDP比

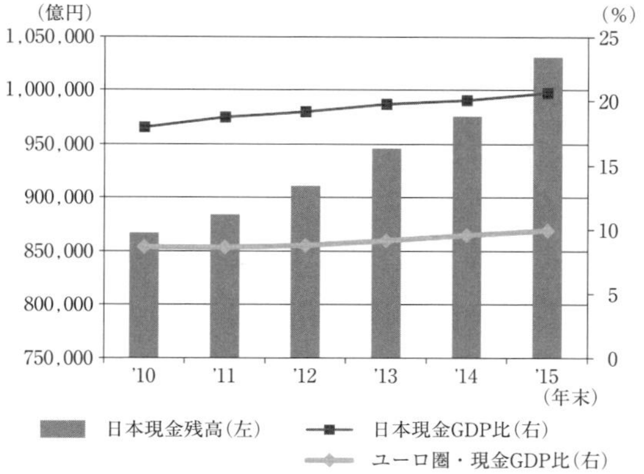

(億円) 日本現金残高(左)／日本現金GDP比(右)／ユーロ圏・現金GDP比(右)

出所:『日本銀行統計』等から作成。

約4.7兆円に過ぎない。金額ベースでは90％程度が1万円札であるが，その1万円札の製造原価は20〜30円程度と言われている。原価20〜30円の紙幣が，1万円として通用する根拠は，政府と日本銀行が強制通用力を持たせているため，である。高額紙幣ほど原価との乖離が大きく，政府に発行権を与えることは問題となる。なお，硬貨は電子マネーの普及等により残高が減少していたが，2014年の消費税引上げ等により，増加に転じた。

　日本社会は現金社会であった。アメリカのスーパーマーケットに行くと，ほとんどの買い物客がクレジット・カードで支払う。しかし，日本では現金の支払いが主流で，カード支払いは限定されてきた。日本では歴史的に，個人に小切手などが普及しなかったため，その延長でクレジット・カードも普及が遅く，現金決済

の比率が高く，現金残高の規模が海外に比べて非常に高くなっている。日本で個人に小切手が普及しなかったのは，小切手を決済する当座預金口座が個人むけには開設されにくかったこと，日本ではサインだけでなく印鑑が重視され印鑑照合に時間や手間がかかること等が考えられる。この結果，日本では現金決済の比重が極めて高く，対 GDP 比でも日本の現金（日銀券＋硬貨）残高は海外に比べ高い（図表 1-2 参照）。また CD-ATM（現金自動支払機）の設置台数も非常に多い，と言われる。さらに日本は自動販売機の設置台数がとても多く，現金しか使用できないことが多い。コンビニの店舗数も近年急増したが，支払いは現金中心であった。

(2) 預金通貨

　法律の規定では，通貨といえば現金通貨を意味するが，金融論では預金も通貨と考える。通貨の重要な役割は，支払うこと（決済機能）である。支払いに使える預金は通貨となる。

　支払いに使える預金は，決済性預金とも呼ばれ，普通預金と当座預金である。普通預金は，金利がつく（付利される），決済ができる，要求すれば支払われる（要求払い），といった特徴がある。通常，一般の個人が銀行に預金口座を持つ場合，普通預金口座か定期預金口座である。普通預金が要求払いという流動性と決済性を持つのに対して，定期預金は一定期間について要求払いできず，またその結果として決済性がない。定期預金は決済性がないため，預金通貨に含まれない。

　当座預金には金利がつかない（付利されない），手形・小切手などの決済専用，要求払い，といった特徴がある。当座預金は企業

の手形や小切手を決済するために利用される。企業は、支払いにあたり、手形を振り出し、期日までに当座預金に現金を入金する。当座預金には、基本的に金利はつかないが、当座預金は決済性が強いので、預金通貨に含まれる。

　ここで説明している当座預金は、企業などが民間の銀行に持つ当座預金である。他方、民間の銀行などが、日本銀行に持つ当座預金もある。この当座預金も決済専用という点では、基本的に同じ性格である。ただし、中央銀行に開設される当座預金は、民間銀行と日本銀行の間での決済や、民間銀行同士の決済に利用される。この中央銀行当座預金の大部分は準備預金で、超過準備には付利されている。なお、マイナス金利が適用される範囲は限定されている（2016年11月現在）。

Ⅲ　通貨の役割と範囲

(1) 通貨の役割

　預金も通貨に含まれる、と説明した。そのことは、通貨の役割を考えると、理解されやすい。

　通貨の第一の役割は、価値保蔵機能である。野菜という農作業の生産物では、その価値を長期に保蔵できないが、通貨に転換されれば保蔵できる。このように、通貨の役割は、労働の価値を保蔵できることである。

　第二の役割は、交換（支払い）機能である。物々交換には限界がある。農家が生産した野菜を、いつでも、誰でも欲しがるとは限らないからである。しかし、野菜を通貨に転換できれば、通貨によって商品交換は常に可能となる。通貨は商品交換を媒介する

機能を持っている。これは通貨が支払い機能を持っているため，とも言える。通貨は支払うことで，決済機能を持つ。

第三の役割は，価値尺度機能である。通貨によって，商品の価値を価格として表示すれば，誰でもがわかりやすく，しかも購入しやすくなる。通貨には商品の価値を示す，価値尺度機能がある。通貨は商品の価値を示す「モノサシ」とも言える。通貨というモノサシによって測られた価値が，価格である。

以上のように，通貨の役割は価値保蔵機能，交換（支払い）機能，価値尺度機能である。現金が以上の役割を果たすことは，明らかである。同時に，預金についても，預金は価値を保蔵する役割を持つ（金利がつかない場合でも，預金しておけば価値が継続する），また預金口座で引き落としがあり支払いが可能である。したがって預金も通貨であることがわかる。

(2) 通貨の範囲

これまで通貨は現金通貨（日銀券と硬貨）と預金通貨（普通預金と当座預金）からなる，と説明してきた。同時に，通貨のとらえ方には，複数の考え方がある。

① ベースマネー

ベースマネーとは，現金通貨と中央銀行当座預金の合計を指す。このベースマネーという言葉が示すように，基礎（ベース）のマネーであり，ベースマネーをコントロールすることで全体の信用をコントロールできる，という考え方を背景にしている。つまり，民間銀行は現金をベースにして信用創造（新規の貸付などを拡大すること）をするので，現金を調整すれば信用創造をコントロー

図表1-3　業態別中央銀行当座預金と準備預金

- 当座預金 24.1兆円（9％）
- その他準備 66.5兆円（26％）
- 信託銀行 28.3兆円（11％）
- 外銀 22.9兆円（9％）
- 第二地銀 4.3兆円（2％）
- 地方銀行 17.9兆円（7％）
- 都市銀行 94.1兆円（36％）
- 準備預金

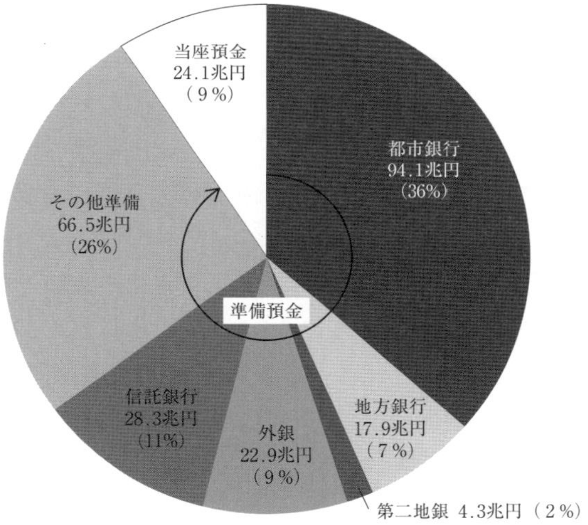

（注）　2016年2月現在。
出所：『日本銀行統計』等から作成。

ルできる，という考えである。この場合，民間銀行が中央銀行に預けている預金（中央銀行での当座預金）も，引出しによって現金になるから，中央銀行当座預金も現金と同じと考える。結局，現金と中央銀行当座預金の合計（ベースマネー）が，金融政策の要ということになる。

　中央銀行当座預金と準備預金の関係を図表で示すと，図表1-3のようになる。中央銀行への当座預金の一部が準備預金であるが，当座預金のほとんどは準備預金が占める。準備預金を日銀に持つ金融機関は，銀行，信用金庫，信託銀行，地方銀行等で

ある。簡単に言えば、銀行である。銀行は準備預金制度により、各銀行の預金に支払い準備率をかけた金額を日銀に積まなければならない。しかし準備預金は持たないが、日銀に当座預金を持つ金融機関は、証券会社、短資会社、証券金融会社などである。

　こうした当座預金と現金通貨の合計がベースマネーである。ベースマネーは、別名ハイパワード・マネーとも呼ばれる。これは現金および現金に等しい中央銀行預金が、何倍にもなって（つまりハイパワーを発揮して）、マネーストック（マネーサプライ）となるからである。銀行は現金を基礎として、その数倍、数十倍の貸出（同時に預金創造）をしている。

　なお、ベースマネーとマネーストックの比率を信用乗数と呼ぶ。ベースマネーが基礎となって、その数倍（これが信用乗数の意味）のマネーストックが生み出される、という考えである。

② マネーストック

　マネーストック（かつてマネーサプライと呼ばれた）とは、流通している通貨や金融資産の総量を意味する。通貨とは、現金通貨や預金通貨であるが、金融資産のなかには通貨に近い性格をもつものがあり、これらを合計した指標である。

　例えば、定期預金は決済性をもたないために、預金通貨に含まれなかった。しかし、定期預金の満期が到来して、普通預金に転換される、または現金として引き出される、ということになれば、通貨になる。このように定期預金は狭義の通貨ではないが、通貨に極めて近い性格を持っている。マネーストックは、定期預金なども含め、通貨と金融資産を合計したものである。

　マネーストックの定義と内容は各国の金融制度が異なるため、

図表1-4　マネーストック残高

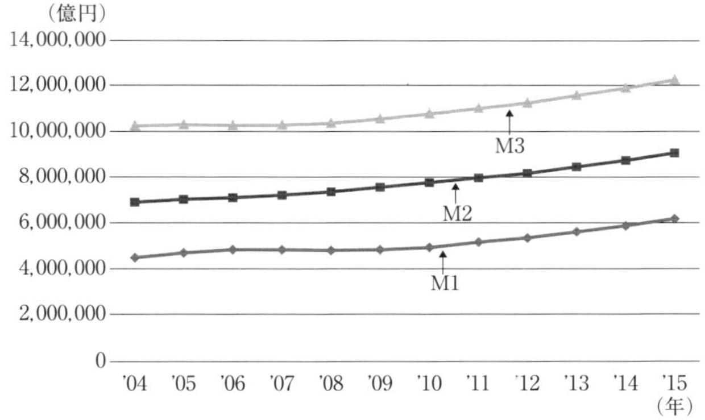

(億円)
出所:『日本銀行統計』から作成。

各国で微妙に差異がある。しかし大枠では共通している。日本ではM1は，ゆうちょ銀行を含む，すべての預金取扱機関による，現金通貨（日銀券と硬貨）と預金通貨（普通預金と当座預金）である。M2は，ゆうちょ銀行を除く主要な銀行による，M1に準通貨（定期預金等）とCD（譲渡性預金：譲渡が可能な自由金利預金）を加えたものである。M3は，ゆうちょ銀行を含む，すべての預金取扱銀行による，M1に準通貨とCDを加えたものである。さらに，広義流動性があり，対象金融機関はM1の金融機関に保険会社等を加え，対象金融商品はM3の金融商品に投資信託や国債等を加えている。

　図表1-4が示すように，M1からM3にかけて，対象範囲が拡大しており，M1では600兆円程度であるが，M3では1,200兆

図表1-5 マネーストックと信用乗数

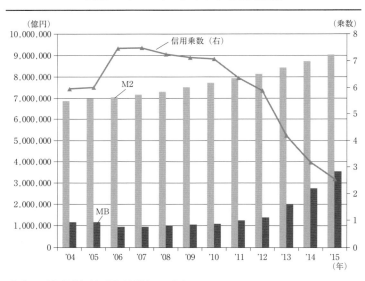

出所：日本銀行『金融経済統計月報』から作成。

円を超えている。また，いずれのマネーストック指標でも，近年拡大傾向にあるが，最近の中央銀行による金融緩和等を反映している。

　M1など代表的なマネーストック指標は，主要部分が預金通貨から成っている。預金通貨が増加する仕組みを以下で考える。家計がボーナスなどを預金するからか？　しかし，そのボーナスも企業の預金口座からの振込みによる。全体の預金通貨が増加するのは，銀行が貸し出しする場合に，預金設定（預金創造）するからである。銀行が企業などに貸し出す場合，相手先の企業の預金

図表 1-6　電子マネーの決済動向

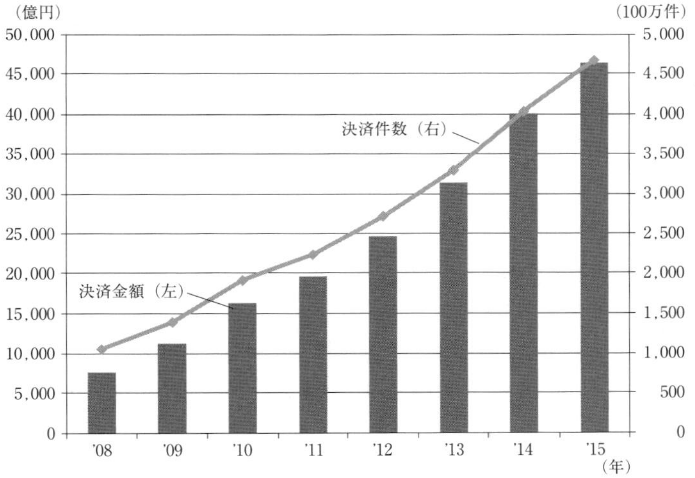

出所：日本銀行『決済動向』から作成。

口座に通貨を振り込む。つまり，実は銀行の貸出とは，預金の創造である。預金が増加する理由は，銀行が貸出を増加させるからである。したがってマネーストックが増加することは，預金が増加することであり，預金が増加する理由は銀行が貸出を増加させることにある。マネーストックの動向は，主として銀行の貸出によって規定されている。

図表 1-5 は，MB（マネタリーベース，現金通貨＋中央銀行当座預金），M2，信用乗数（M2÷MB）を見たものである。MBが2013年以降，急速に増加しているが，日銀による量的・質的金融緩和を反映している。しかし，M2の伸びは緩やかなものであり，

信用乗数は2010年から2015年にかけて急低下している。日銀の金融緩和にかかわらず，民間銀行の貸出が伸びなかったため，である。大企業の資金需要低下，銀行による中小企業への貸し渋り等が指摘されている。

③ 電子マネー，仮想通貨

現在，通貨の範囲を考える場合，重要な問題が電子マネーや仮想通貨等である。電子マネーは，前払い型（チャージ）と後払い型（クレジット・カード機能を持つ）がある。しかし前払い型が中心であり，事前に現金を入金する。したがって，現金の代用品と考えられ，独自の存在とはなっていない。しかし，図表1-6が示すように，電子マネーの決済件数，決済金額は近年急増している。金融（Finance）とITが融合した「フィンテック」も，急速なスマートフォンの普及と電子マネー機能が結合した現象である。またビットコイン（発行主体が政府や中央銀行以外，ネット上でデータ化）などの仮想通貨も最近，注目されている。

第2章　家計と金融

I　家計と貯蓄率の動向

　第1章で説明したように，金融とは部門間資金循環としてとらえることができる。そこでまず，本章では家計をめぐる金融について取り上げる。家計の金融は，日常生活に密接であり，企業金融等に比べ比較的理解しやすいと考えられる。

　近年，家計の金融に関連して，しばしば指摘される問題が，家計貯蓄の減少と家計貯蓄率の低下である。第1章の図表1-1は，日本銀行の資金循環統計にもとづく。これによると，家計の資金状態は，依然として黒字基調（資金余剰）にあった。しかし，内閣府の国民経済計算統計によると，かなり様相が異なっている。図表2-1が，内閣府の国民経済計算にもとづく，家計貯蓄と貯蓄率を示している。これによると，家計貯蓄は1995年に29.2兆円あったが，2012年に2.6兆円まで減少し，2013年に－3.7兆円とマイナスになった。家計貯蓄＝家計の可処分所得－家計支出であるから，所得よりも支出が大きくなり，マイナスとなったと見られる。同時に，2007年に続き，2013年に家計貯蓄率はマイナスに転落し，家計貯蓄の取り崩しが強まったことになる。この背景として，日本での高齢化があり，退職に伴う所得減少が，家計貯蓄の減少要因とされる。これにより，日本の貯蓄が減退しており，国債の国内消化が困難となり，海外資金の流入に依存する，と説かれることが多い。

図表2-1　家計の貯蓄額と貯蓄率

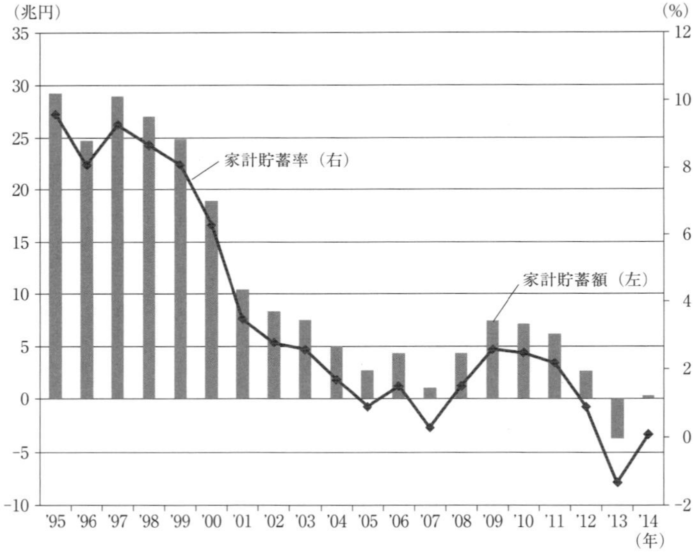

出所：内閣府ホームページ等から作成。

　こうした傾向が見られることは否定できないが，内閣府の国民経済計算では「帰属家賃」を家計支出に含めている，という問題がある。帰属家賃とは，持ち家であっても，家賃を支払っているとみなすことである。しかし，高齢者の場合，少なくない比率で，退職時に住宅ローンを繰り上げ償還しており，実態として住宅費を支払っていないことが多い。住宅費＝帰属家賃は金額として少なくないので，大きな影響を与えてしまう。したがって内閣府の国民経済計算にあっては，家計の貯蓄が過小評価されている可能

性が高い。図表2-1が示すほど，日本の家計貯蓄は減少していないと見られる。

　しかし，日本の賃金が伸び悩んできたことは事実である。アベノミクスの影響で，名目賃金が2013年以降，輸出産業中心に上昇したが，同時に物価上昇率がプラスとなったこともあり，実質ベースでは賃金が上昇したとは言えない。こうしたことから，家計の可処分所得が伸び悩み，結果として家計貯蓄が減少した可能性は否定できないであろう。図表1-1においても，2003年，2008年，2015年を中心に家計の貯蓄は減少しており，かつてほど，家計の資金余剰は大きくなくなっていることは否めない。

Ⅱ　家計の資金運用と資金調達

　家計は法人と並び，資金余剰部門であった。そこで家計のバランス・シートを見たものが図表2-2である。日本銀行の資金循環統計から見ると，家計の総資産額は1,740兆8,663億円にも達する。資金調達サイドを見ると，借入れが300兆円程度あるが，差し引いても1,400兆円以上の純資産を保有している。

　資産構成を見ると，最大の構成要素は現預金であり，907兆円である。日本の家計の資産構成において，現預金は総資産の51.8%を占めており，極めて高いシェアである。アメリカなどの場合，現預金の比率は13%程度で低い。日本と同様に間接金融が優位と言われるユーロ圏ですら，家計の資産における現預金の比率は34%であり，日本よりも20ポイント程度低い。アメリカやユーロ圏では，株式や債券など有価証券の比率が高い。しかし，日本では間接金融中心の歴史があり，今なお家計の中心的資産は

図表 2-2　家計のバランス・シート

(億円)

資　　　産		負債・自己	
現預金	9,016,887	貸出（借入）	3,152,488
有価証券（株以外）	1,213,054	うち民間金融	2,702,770
うち国債	135,967	うち公的金融	394,867
うち投資信託	962,683	企業間信用等	545,062
株式	1,687,147	差額（自己）	10,613,476
保険・年金	5,100,027		
海外証券	105,976		
合計	17,408,663	合計	17,408,663

(注) 2015年末時点。
出所：『日本銀行統計』から作成。

現預金となっている。日本では家計の資金余剰は，現預金として銀行に流入し，銀行は国債等で運用してきた。したがって，家計から銀行経由で政府の赤字をファイナンスする資金循環が主流であった。

現預金についで，大きな資産構成要素は保険・年金である。図表2-2においても約510兆円で，資産の29.3％を占めている。この保険・年金は，民間の生命保険会社の保険や年金加入だけではなく，国民年金・厚生年金・共済年金など公的年金も含んでいる。年金への保険料支払いによって，将来の年金受給が発生するので，保険料支払いは経済学的には貯蓄となり，資産を形成する。しかし，保険・年金が家計資産において占める比率は，アメリカやユーロ圏でも高い。アメリカでは家計資産の32％，ユーロ圏では30％が保険・年金となっており，むしろ日本よりも高くなってい

る。日本に比べ，民間企業の企業年金が発達していること，民間の医療保険が必要なこと等が影響していると見られる。

家計資産において，第三の要素が株式であり，約169兆円で，家計資産の9.7％を占めている。近年，日本の家計においても，株式保有は増加している側面もあるが，アメリカでは家計資産の34％が株式，ユーロ圏でも18％が株式であり，日本では株式の比率が低い。日本では歴史的に直接金融が弱かったうえ，第二次大戦後の財閥解体を経て，株式保有における個人（家計）の比率は低下してきた。

インターネット取引口座の増加，新規上場企業の増加，株式投資単位引下げ（単元株引下げ，最低取引株式数を引き下げる）企業の増加等によって，個人株主数は増加している。2000年度に個人株主数は3,215万人（延べ人数）であったが，2014年度には4,582万人（同）まで増加している。しかし，1970年度には株式時価総額の37.7％を個人（家計）が保有していたが，2014年度には17.3％まで低下した。他方，海外投資家が31.7％（2014年度）と最大の保有者になっている。ただし，家計の株式保有については，所得階層により大きな格差があり，後述する。

家計資産において，第四の要素が株式以外の有価証券であり，国債や投資信託である。日本では投資信託が約96兆円で，家計資産の5.5％を占める。また国債については，約14兆円で0.8％にすぎない。日本の債券市場残高で，90％以上が国債であるから，家計の国債保有は債券保有を示している。他方，アメリカの家計資産において債券は13％，ユーロ圏においても4％のシェアを占め，債券のシェアが高い。また投資信託の家計資産に占めるシェアは，

アメリカが5％，ユーロ圏が9％であり，アメリカと日本はほぼ同じ水準である。欧米と日本の違いとしては，債券のシェアであるが，日本では国債の利回りが1990年代以降長期にわたり極めて低いこと，最低購入額が1億円以上で個人は実質的に締め出された等が影響していよう。

　他方，家計の負債面を見ると，貸出（借入）が大きく315兆円となっている。内訳として，民間金融機関が270兆円，公的金融が約39兆円となっている。後述するように，民間銀行（信用金庫除く）本体からの住宅ローンだけでも117兆円に達しており，家計の銀行借入の多くは住宅ローンとなっている。かつては住宅金融公庫という公的金融からの借入が中心であったが，財政投融資改革以降，住宅ローンは民間銀行中心となっている。住宅ローン以外で，家計が借入れしている要因としては，自動車ローン，教育ローン等がある。

　自動車ローンの残高は約4兆円（日本クレジット協会調べ，2015年）と言われ，自動車メーカー系やディーラー系のノンバンクによる貸出が中心となっている。教育ローンについては，日本学生支援機構の奨学金予算は1兆円（貸与制）を超えており，このほか日本政策金融公庫による教育ローン残高は8,000〜9,000億円である。教育ローンは民間銀行も参入しているが，金利水準が高いこともあり，公的機関が中心になっている。

　以上において，図表2−2を参考にして，家計の金融に関し概況を見てきた。以下では，主要な特徴について検討する。

図表 2-3　銀行預金の預金者別内訳

(億円)

	要求払預金		定期性預金	外貨預金	その他	合　計
	当座預金	普通預金	定期預金			
合　計	396,176	3,386,772	2,591,600	163,339	203,172	6,741,059
法　人	374,126	977,770	513,270	91,191	75,514	2,031,871
個人(家計)	2,448	2,289,495	1,919,731	47,059	73,961	4,332,694
その他	19,602	119,507	158,599	25,089	53,697	376,494

(注) 信用金庫を除く。2015年現在。
出所:『日本銀行統計』から作成。

(1) 家計と銀行預金

　日本の家計の主要な金融資産は,現預金であった。日本の銀行預金について,内訳を見たものが,図表 2-3 である。すでに説明したように,要求払い預金は,当座預金と普通預金である。当座預金は決済専用の預金口座であり,小切手や手形が決済される。後述するが,小切手や手形は当座預金の開設がないと発行できない。日本では銀行が個人に対し,当座預金の開設を認めてこなかったという歴史がある。図表 2-3 において,当座預金残高は39.6兆円あるが,法人による残高が37.4兆円とほとんどを占め,個人は2,448億円にすぎない。歴史的に日本の銀行は,法人に優先して与信(貸出)し,個人に対する与信は制限されてきた。日本の銀行がリテール分野を重視し,個人向けに貸出を強化しはじめた時期は1990年代以降である。

　したがって,家計による銀行預金は普通預金中心である。図表2-3においても,家計による普通預金は229兆円に達し,普通預金合計339兆円の主要部分を占めている。貯蓄として銀行預金が

選好されることもあるが，公共料金等の引き落としのために，普通預金が好まれることもあろう。また家計による定期預金も多い。図表2-3では，家計による定期預金残高は192兆円に達している。定期預金は本来，流動性がない（資金出し入れができない）代わりに，金利が高く，貯蓄性が強い。しかし，超低金利，マイナス金利の影響で，定期預金の金利も極めて低い。1990年代と異なり，2010年以降の日本では銀行の経営破綻やペイオフ解禁（銀行が破綻しても，預金の元利は1,000万円までしか戻らない）が深刻化していないことも，定期預金残高に影響していよう。さらに1990年代以降，株価が低下し，株式で家計が損失をこうむってきたことも，銀行預金志向を高めていよう。

　最近の傾向として，外貨預金の増加が指摘できる。国内の円預金では金利はゼロに等しいが，外貨建て預金では比較的高い金利が得られる。このため家計による外貨建て預金は4兆円を超えている。2013年以降2015年まで，アベノミクス効果もあり，円安が進んだため，為替リスクが意識されにくくなっていたことも一因であろう。また日本の銀行が海外での貸出（ドル建て）に注力しており，資金調達面でも外貨建て比率を高めたいといった影響もあろう。

(2) 家計と保険・年金

　家計の資産として，銀行預金に次ぐ資産は保険・年金であった。家計は，死亡・疾病などのリスクに対応するため，保険に加入する。保険会社には，民間の保険会社とかんぽ生命がある。保険については，第4章において保険会社に関連して説明する。年金に

ついて、従来、日本では公的年金が中心であった。民間企業であれば、厚生年金に、自営業等であれば国民年金にそれぞれ加入が義務づけられている。公的年金の運用資産は巨額に達しており、その運用は証券市場に大きな影響を与えている。この点は、財政投融資の改革等に関連して説明する。

(3) 家計と株式保有

図表2-2で見ると、日本の家計は169兆円の株式を保有し、家計資産の10%近くになっている。同比率は、アメリカでは34%、ユーロ圏でも18%であり、欧米に比べて低いと言える。しかし、日本では家計の所得水準によって、株式保有に格差があると見られる。図表2-4は、国税庁の所得税統計（申告分）によるものであるが、申告人数623万人のうち、合計所得が1,000万円以下の人数は545万人と87%に達する。この階層では配当所得は296億円、

図表2-4　個人の所得階層別所得構成

(人数：実数　金額：100万円)

所得区分	合計所得 人数	合計所得額	配当所得 人数	配当所得額	株式等譲渡所得 人数	譲渡所得額
1000万以下	5,452,968	17,579,977	181,653	29,606	156,507	268,620
1000～2000万以下	496,804	6,886,866	44,660	40,777	53,305	261,818
2000～5000万以下	219,782	6,440,213	32,548	96,075	31,883	385,261
5000万以上	57,716	7,681,116	13,503	306,879	16,109	2,819,224
合　計	6,227,270	38,588,172	272,364	473,337	257,804	3,734,923

出所：国税庁『所得税統計』平成25年版から作成。

株式等譲渡所得は2,686億円であり，それぞれ合計所得17兆5,800億円の0.17%，1.5%に過ぎない。一般の家計にとって，株式による所得はわずかな存在である。

しかし，合計所得5,000万円以上の高所得層では異なる。申告人数では5万7,716人と全体の0.9%にすぎないが，配当所得が3,069億円，株式等譲渡所得が2兆8,192億円であり，それぞれ合計所得の4%，36.7%に達している。高所得層の家計では，株式による所得の比重が極めて大きいのである。さらに合計所得1億円以上の階層になると，合計所得のなかで給与所得の比率は18%まで低下する。高所得の家計では給与の比重は小さく，株式関係の比重が大きい。したがって，税務統計から見ると，日本の家計による株式保有にはかなりの格差があると見られる。アベノミクスにより，2015年まで円安・株高がもたらされたが，株価上昇は家計の所得階層に応じて異なった影響を与えたと考えられる。

(4) 家計と借入

家計の資金調達は銀行借入を中心とした借入である。すでに述べたが，家計の借入は住宅ローンが中心であるが，この他に自動車ローン，教育ローンなどがあり，またレジャー関係の借入もある。

図表2-5は，銀行（信用金庫除く）による家計（個人）向け貸出を見たものである。1980年代は，家計の住宅ローンは住宅金融公庫など公的金融が中心であった。2001年ごろ，財政投融資が改革されるまで，郵便貯金・簡易生命保険・年金等の資金は住宅金融公庫などを経由して貸し出された。しかし，住宅金融公庫から

図表２－５　民間銀行による個人向け貸出残高

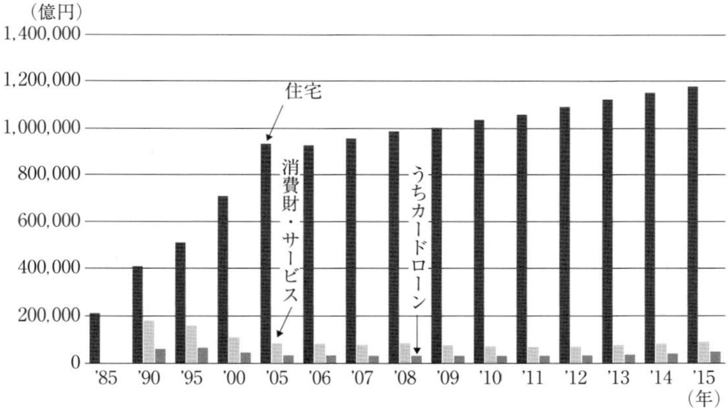
（億円）
1,400,000
1,200,000
1,000,000
800,000
600,000
400,000
200,000
0
住宅
消費財・サービス
うちカードローン
'85
'90
'95
'00
'05
'06
'07
'08
'09
'10
'11
'12
'13
'14
'15
（年）

出所：『日本銀行統計』から作成。

住宅ローンを借りると，当初の金利が固定され８％程度の金利が20～30年間継続することになった。他方，1990年代以降，金利は低下し，民間銀行は個人の住宅ローン貸出を強化した。民間銀行の住宅ローンは金利も低かったため，急速に増加した。図表２－５で住宅ローン残高は1990年に40兆円であったが，2015年には118兆円まで増加した。2016年以降，長期金利はマイナス金利となり，住宅ローンも低下し，家計は恩恵を受けている。このほか，銀行により，消費財貸出やカードローンがあるが，いずれも伸び悩んでいる。

Ⅲ 小切手とクレジット・カード

(1) 小 切 手

　日本で，小切手が家計により使用されることは稀である。しかし，小切手はクレジット・カードの原型であり，クレジット・カードの前に解説する。

　小切手とは，振出人が受取人への支払いを第三者（銀行）に委託する証書を指す。現金支払いであれば，購入した商品と交換で現金を支払う。しかし，小切手の場合，商品を購入した人が小切手の振出人となり，商品を販売した人（＝受取人）に対して，小切手を渡す。受取人は小切手を銀行へ持ち込んで現金化する。

　小切手を振り出す条件は，まず銀行における当座預金開設である。ただし，当座預金開設は個人には困難である。また預金残高の範囲でしか，小切手を発行できない。手形は当座預金残高を超えて発行できる。

　小切手の利点としては，高額商品や資産の売買にあたり，現金の運搬がなく，容易である。また現金支払いならば必要となる，紙幣の勘定（お札を数える）という作業も省力化される。さらに現金の運搬がないため，現金の紛失や盗難というリスクも少ない。

(2) アメリカにおける小切手とクレジット・カードの発展

　アメリカでは歴史的に小切手が家計（個人）においても発展した。ただ，日本の個人も海外旅行時に，トラベラーズ・チェックを使用することはあった。小切手のことを Cheque と言うが，旅行用小切手がトラベラーズ・チェックである。アメリカを中心に

海外では小切手が普及していたが，日本人は海外旅行の時だけ，小切手（トラベラーズ・チェック）を使用することとなった。トラベラーズ・チェックを発行してもらう際には，日本国内で預金口座残高が必要であった。

　小切手の仕組みは，クレジット・カードの原型であった。クレジット・カードの使用手順は以下のようになる。① 利用者はクレジット・カード会社に申し込み，加入する。② クレジット・カードが発行される。③ 利用者は買い物や食事の代金支払いにあたり，カードを提示する。④ お店（カード加盟店）はカードの有効性を照会する。これは支払いの信用を確認することである。⑤ カード会社から承認される。⑥ 利用者は売上票にサインする。⑦ 買い物であれば，商品を受け取る。⑧ 売上票がお店（加盟店）からクレジット・カード会社に送付される。⑨ クレジット・カード会社がお店に代金を支払う（立替払い）。この場合，手数料分が差し引かれる。⑩ クレジット・カード会社から利用明細書が利用者に送付される。銀行口座からの引き落とし日と金額が通知される。⑪ 銀行口座から引き落としされ，決済が完了する。

　クレジット・カードも預金残高に応じて使用される。通常，クレジット会社から，カードの利用限度額が設定される。クレジット・カードは小切手に似ており，小切手が発展したアメリカでクレジット・カードが普及したのは，当然の成り行きであった。為替レートにもよるが，アメリカでクレジット・カードは日本の5倍程度の規模で使用されているとされる。

　日本のクレジット・カードの発行枚数は2004年に2億2,640万枚であったが，2010年に2億7,405万枚まで増加したものの，そ

の後減少し，2015年には2億5,890万枚となっている。国民1人あたり2〜3枚を保有していることになり，減少傾向もあり，ほぼ飽和状態にあると見られる。会員契約数でも，2010年の2億4,547万枚から減少している。

日本ではクレジット・カードがビジネスとして成立しにくい事情がある。日本でのクレジット・カードでの支払いは90％が非割賦方式であり，一括払いのため，クレジット・カード会社が金利収入を見込めないことである。一括払いの場合，支払金額は購入金額と原則同じである。この場合，カード会社の収入は，カード加入者が購入した店舗からの手数料（通常，売上げの3〜7％程度），加入者からの年会費だけになる。

他方，割賦方式で支払う場合，加入者は分割払いだから，クレジット・カード会社とローンを組むことになり，クレジット・カード会社に比較的高い金利を支払う。これはカード会社からすれば，金利収入が得られる。しかしこうした割賦方式でのカード支払いは，日本の場合，全体の10％以下と言われている。

結果として，日本でのカードビジネスは採算が取りにくい，と言われている。他方，海外ではクレジット・カードの使用で割賦方式の比重が高く，金利収入が見込めている。このためカードビジネスで採算が取れており，銀行本体が直接カードビジネスを担うことが多い。そしてカードからの金利収入で，銀行全体の収益性も高くなっている。欧米の銀行（商業銀行）のビジネスモデルでは，リテール分野は収益面で重要な領域であり，リテールビジネスにおいてクレジット・カードからの金利収入は大きな存在となっている。なお，欧米には投資銀行というビジネスモデルがあ

るが,投資銀行は M&A,証券売買等のホールセール(対法人)が中心で,クレジット・カードなどリテール分野は手がけない。

　日本の銀行と欧米の銀行を比較すると,利益率などの収益性で格差がある。日本の銀行が低い。その一因は,クレジット・カード業務を介した,個人むけ(リテール部門)金融での利益率の差にある。リテール分野では金利水準が高いため,銀行にとっては重要な分野である。しかし,もともと歴史的に,日本では住宅ローンなどを除き,銀行は個人に貸し出してこなかった。このような背景から,個人むけ金融分野では,日本では「消費者金融」,別名「サラ金」と呼ばれる独自の業態が形成された。

Ⅳ　消費者金融

　日本では,歴史的に,銀行貸出は対法人が中心であった。高度経済成長期(1960年~1970年代)に,日本企業の設備投資は活発であったから,企業の資金需要も強かった。日本銀行のオーバーローン(対民間銀行への信用拡張)のもと,銀行等は企業に優先的に貸し出した。銀行貸出は対個人に向けられる余裕はなかった。また銀行は「個人向けはリスクが高い」,「個人は担保がない」,「個人の審査は手間がかかる」として,長年にわたり(1980年代まで)個人向け貸出には消極的であった。

　こうした銀行の間隙をぬって成長したのが,消費者金融会社であった。銀行が個人むけには貸さなかったため,消費者金融会社は法律に触れる高金利(グレーゾーンと呼ばれた)で,個人に貸してきた。多くの消費者金融会社は上場企業であるから,大手銀行にとっては,優良な貸出先であった。そこで消費者金融会社は

図表2-6　自己破産申立数

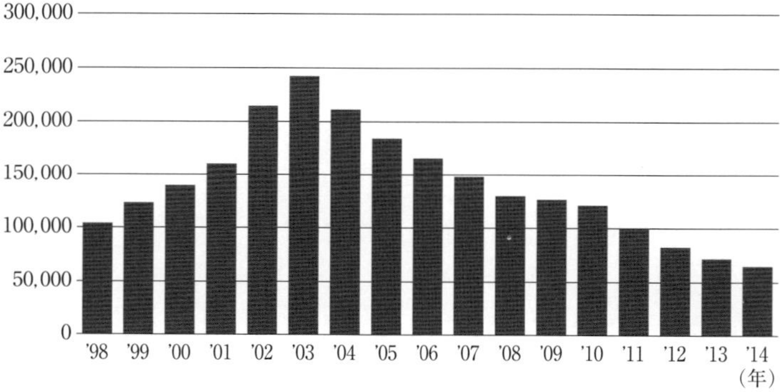

出所：最高裁ホームページ等から作成。

　5％程度で銀行から借り入れて，20～29％といった法律に触れる水準で，個人に貸してきた。消費者金融会社の利ざやは，15～24％になったから，非常に採算が良かった。

　2010年に法改正が実施されるまで，貸金業者の金利は2つの法律によって規制されていた。利息制限法と出資法である。利息制限法による上限は最大で20％であったが，この法律に違反しても刑事罰に問われることはなかった。他方，出資法による規制は29.2％で，これに違反すると刑事罰となった。このため，20％以上29.2％未満の金利はグレーゾーンと呼ばれ，多くの消費者金融会社はグレーゾーン金利で個人に貸し出していた。この金利水準では，債務者は元本を返済できず，借入を繰り返し，自己破産に追い込まれる事態が多発した。

結果として,図表2-6が示すように,消費者金融は自己破産の一因となった。2003年には25万件近い自己破産が発生し,社会的批判が高まった。自己破産とは,裁判所に申し立てすることで,債務支払いを免除されることである。ただし,自己破産により金融機関からの借入ができなくなる,官報に氏名が掲載される等のデメリットも発生する。2010年に改正出資法が成立し,貸金業の金利は20%以下とされた。2010年以降,過払い金返還等が実施されてきた。こうした歪んだ金融を正し,また銀行などの経営効率を高めていくことが,今後の日本の金融改革で重要である。

第3章　企業と金融

　第1章の部門間資金循環で見たように，企業部門は大幅な資金余剰となっている。これは企業の当期最終利益などに対して，設備投資等に関わる資金需要が少ないためである。企業規模によって格差はあるものの，大企業では資金余剰が顕著である。以下では，Ⅰにおいて，企業の資金需要と運用について，Ⅱにおいて，企業の資金調達に関して説明する。

Ⅰ　企業の資金需要

(1) 運転資金

　企業の資金需要は，大きく運転資金，設備資金，その他資金に区分することができる。運転資金とは，企業が事業を継続していくために必要となる資金のことである。原材料の仕入れ，社員への給与支払い，製品在庫等を持つための資金等が運転資金にあたる。売上げが現金等によって回収される前までに，原材料の仕入れや人件費を支払わねばならないことがあり，企業は運転資金が必要となる。運転資金の必要性や規模は，売掛金，受取手形などの（売上げの）未決済分がどれくらいか，在庫をどれくらい持つか，買掛金，支払手形などの（仕入れの）未決済分がどれくらいか，等々によって規定されてくる。

　売掛金とは，販売したものの，まだ支払いをしてもらっていない未収金である。取引先に商品を納入し，請求書を送ったが，まだ決済してもらっていない状態である。日本では，「五・十日

図表3-1 手形の仕組み

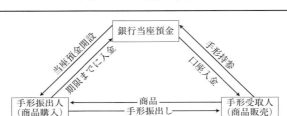

(ゴットービ)」と言われるように，特定の日にまとめて支払う慣行があり，それまでは売掛金となる。

受取手形は，代金を手形で受け取ったが，最終的な決済が完了していないものである。図表3-1が手形の基本的仕組みを示す。商品売買において，商品の買い手が手形の振出人となり，商品の売り手が手形の受取人となる。買い手（振出人）が売り手（受取人）に交付する，一定期間後の振出人自身による代金支払いを約束した証書を手形（約束手形）と呼ぶ。支払期日までに，振出人は当座預金に入金しなければならず，入金によって受取手形の最終決済は完了する。手形の振出しにあたり，手形の受取人は，振出人の当座預金口座の残高にかかわらず，手形を受け取る。受取人は，「振出人が期日までに当座預金口座に入金できるだろう」と信用している。こうした意味で約束手形は信用の端緒形態（簡単に言えば，スタート地点）と言える。期日までに入金がないと，不渡り手形となる。

企業は販売するために，一定量の製品在庫を持つことが必要になる。また製品化された在庫を持つためには，原材料等の在庫も

持ち，生産していることも必要となる。在庫は棚卸資産と呼ばれて，短期の流動資産に含まれる。在庫など棚卸資産は，企業が購入したものの，まだ販売されておらず現金回収されていない。したがって，在庫が過大であることは経営が不効率なこととなる。在庫のためにも運転資金は必要となる。

　以上，売上げの関係から運転資金を見てきたが，購入（仕入れ）の関係からも運転資金は規定される。まずは買掛金である。原材料などを購入したものの，まだ支払いしていない状態が買掛金となる。次に，支払手形であり，商品を購入したものの，手形を振り出し，期日までに当座預金に入金しなければいけない状態である。買掛金や支払手形が多ければ，資金繰りの観点からは，余裕があることで，それだけ運転資金の必要性は小さくなる。

　企業は受け取った手形に裏書することで，支払いに充当することも可能である。手形の裏書とは，手形を受け取った人が，自分の支払いをするために，受け取った手形の裏に署名・捺印することで，自分の支払いをすることを指す。この意味で，手形は流通性を持つ。手形は裏書により，所有者を転々とするが，裏書で署名・捺印した人は手形の振出人に対し連帯責任を負う。これはとても重い責任を意味する。手形に裏書することで発生する連帯責任とは，振出人と同じ支払責任が裏書した人に発生することを意味する。支払責任は，企業の資金繰りのために裏書した場合でも，裏書した人の個人財産にまで及ぶことがある。つまり，手形の振出人が支払い不能となった場合，裏書した人に支払責任が発生し，会社の資金で支払いきれない場合，自宅や個人の資産を処分する必要がある。

手形の裏書により，銀行に対して手形を譲渡し，支払期日前に受取手形を現金化することを，手形割引と呼ぶ。銀行は，支払期日までの金利分を手形の額面から差し引き，手形を持ち込んだ人（手形持参人）に現金を供与（貸与）する。しかし，すべての手形が手形割引できるわけではなく，信用力がある企業が発行した手形でなければ，割引されない。また手形持参人が裏書するので，連帯責任を持つ持参人の信用も必要となる。したがって銀行は手形の発行企業や持参人の審査をして，割引を検討する。

手形を割り引くことは，銀行にとっては，持参人の裏書によって，持参人の現金需要に応じることである。したがって持参人に対する銀行貸出と実質的に同じことになる。手形割引という信用の形態は銀行貸出という銀行による信用へと発展することになる。

(2) 設備資金，その他

以上で見てきた，売掛金・買掛金，受取手形・支払手形，棚卸資産・在庫資金等は，いずれも短期的な性格であり，企業のバランス・シート（貸借対照表）では，流動資産・流動負債に区分される（図表3-2参照）。短期（1年未満）の資金需要が運転資金となる。しかし，企業は売上げが好調であるなら，生産能力を増強しようとする。この場合，企業は工場を増設したり，機械を購入する。工場や機械は耐用年数が10年等にわたるため，固定資産（1年以上）になり，これを設備投資と呼ぶ。

設備投資は工場の増設などの場合，土地の取得を含む。一般に日本では地価が高いこともあり，工場の増設は高額の資金需要となる。また土地は減価償却されないし，建物部分も20年程度の償

図表 3-2　企業のバランス・シート（貸借対照表）

資　産	負債・資本
流動資産 　　　現預金 　　　売掛金 　　　受取手形 　　　棚卸資産 固定資産 　　　土地 　　　機械 　　　工場	流動負債 　　　買掛金 　　　支払手形 　　　在庫資金 　　　短期銀行借入 固定負債 　　　長期銀行借入 　　　社債 　　　引当金 純資産 　　　利益準備金 　　　資本準備金 　　　資本金

却期間となり，設備投資は長期的な資金が必要になる。減価償却とは，機械などの固定資産の場合，毎年，一定の価値を減耗しているとみなし，その金額を費用として引き当てることである。設備資金は，長期かつ高額という特徴を持つ。こうした設備資金には，短期の資金では対応できない。したがって，設備資金には長期の資金を調達することが必要となる。

　この他の資金需要としては，ボーナス資金，決算資金などがある。企業は6，12月のボーナス支給月になると，従業員に賞与を支給する。この賞与資金は，一部は売上げからまかなわれるにせよ，短期の借入金でまかなわれる。また決算にあたり，配当，役員賞与，法人税などの支払いがある。これらは，当期最終利益から利益処分として払われるはずだが，実際のところは短期借入金

で支払われることが多い。こうしてボーナス，決算も企業の資金需要を構成する。

II 企業の資金調達

運転資金，設備資金等で企業の資金需要が発生するが，企業が資金をまかなう（調達する）方法は，大きく2つに分かれる。内部資金と外部資金である。内部資金とは，企業の内部にある資金で，内部留保や減価償却である。外部資金とは，企業の外部にある資金で，負債（銀行借入，社債等），出資（株式発行），企業間信用（手形等）となる。最近は，これらに加え，アセット・ファイナンス（資産による資金調達）も有力になっている。

(1) 内部資金

内部資金は，企業の内部にある資金で，内部留保や減価償却費である。まず内部留保であるが，企業は税引き後の当期最終利益を計上し，そこから配当や役員賞与を差し引き，最終的には残りを内部留保として，純資産（株主資本）に繰り入れる。具体的には，純資産のなかの，「利益準備金」に内部留保は組み入れられる。純資産，および利益準備金は，資金調達になるので（バランス・シートの右側），資金運用として使うこと（バランス・シートの左側）ができる。資金運用において，棚卸資産の増加となれば在庫投資となり，固定資産の増加となれば設備投資となる。すなわち，内部留保は資金調達の一形態であり，運転資金や設備投資資金に充当できる。

法人企業統計によると，企業の内部留保が増加し，利益準備金

図表3-3　企業の利益準備金と現預金

(億円)

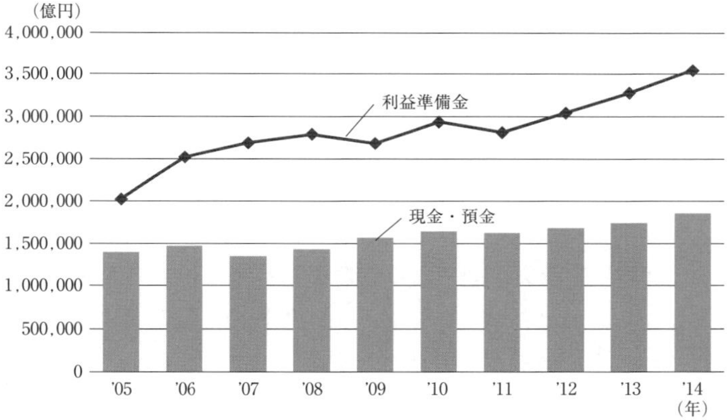

出所：財務省「法人企業統計」から作成。

が増加している。この内部留保の増加が，企業の資金需要に応じているかといえば，必ずしも対応していない。図表3-3は企業の利益準備金と現預金の推移を示している。利益準備金は2005年度に200兆円を超える程度（法人企業統計，全産業）であったが，2014年度に350兆円を超えた。配当も増加しているが，それ以上に当期最終利益が増加しているため，内部留保が急増した。この内部留保が，資金運用面では，現預金の増加となっている。企業の現預金残高は2005年度には約140兆円程度であったが，2014年度には約185兆円程度まで増加した。企業は内部留保を増加させ，現預金として保有してきた。

しかし，内部留保の増加がすべて現預金の増加となった，とは

言えない。「投資有価証券」も，2005年度の約164兆円から，2014年度には約270兆円まで増加している。「投資有価証券」の増加は，日本企業が海外直接投資増加で保有する海外子会社の株式を反映していると見られる。

　減価償却費は，前にも説明したように，固定資産の価値減耗に関し，原則として非課税等で引き当てる（積み立てる）費用である。家計が所有する自動車や自転車も減価償却費が認められており，数年間で償却し，費用を積み立てる。同様に，企業の機械や工場（建物）は減価償却される。ただし，土地は永久に使用可能であるから，減価償却されない。土地以外の固定資産は減価償却されるが，その減価償却費は毎年支出されてはいない。減価償却費として引き当て，積み立てられるが，支出されるわけではなく，企業の内部に貯蓄される。すなわち，企業は減価償却費を運転資金や設備資金に回すことができる。

　内部留保や減価償却費を合わせて内部資金と呼び，この内部資金で設備投資等をまかなうことを，自己金融と呼ぶ。企業，とりわけ大企業の自己金融化は今日的な企業金融の特徴とも考えられるが，内部資金ですら少なくない部分が現預金化している。

(2) **外部資金**

　外部資金で調達する場合でも，負債による調達（デット・ファイナンス：Debt Finance）と出資による調達（エクイティー・ファイナンス：Equity Finance）に分かれる。さらに負債によるデット・ファイナンスでも，銀行借入か，証券形態での社債に分かれる。また社債によるデット・ファイナンスと，株式によるエクイ

ティー・ファイナンスには,両者の中間（ハイブリッド）として,転換社債,新株引受権付社債があるが,エクイティー・ファイナンスとして説明する。以下,それぞれについて検討する。

① 銀行借入

　企業金融としての銀行借入,銀行からすれば貸出は,詳細は次章の金融機関で説明する。歴史的には,銀行借入は日本企業の中心的な資金調達方法であった。図表3-4は,企業（非金融法人）の資金過不足と金融機関からの借入（フロー）を示している（日本銀行「資金循環統計」による）。企業は高度経済成長期（1950～1970年代）に,活発な設備投資を行い,資金不足による資金需要も旺盛であり,その多くは銀行借入によって調達された。日本は後発資本主義国として,貯蓄形成が遅れ,証券市場は未成熟であり,企業金融は銀行経由でファイナンスされてきた。しかも,その銀行の多くは,かつての日本興業銀行や日本勧業銀行のように,公的金融を背景とした銀行であった。高度経済成長期は自動車や家電製品の普及期であったから,製造業企業も量産投資を増加させ,銀行も貸出を膨張させた。民間銀行のオーバーローン（過大な貸出）は,日本銀行による信用拡張によって支えられた。

　1970年代のオイルショックによって,高度経済成長は終焉したが,1980年代から1990年代にかけては,図表3-4が示すように,企業の資金不足が続いた。実体経済での設備投資は減速したが,不動産や株式など金融面での投資が増加したことが一因である。しかし1990年代前半にバブルが崩壊すると,状況は変化し,企業は投資を控え,資金余剰となっていった。1990年代後半以降,企業が資金余剰となり,変化は伴いつつも,銀行（金融機関）借入

図表 3-4　非金融法人の資金過不足と借入

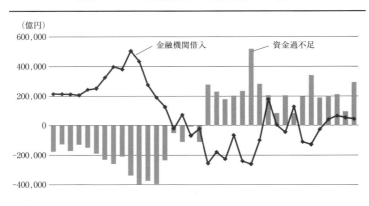

出所：日本銀行「資金循環統計」から作成。

を減らしてきたことが，図表 3-4 からわかる。

　環境の変化によって，企業と銀行の関係は変化した。資金不足を背景とした，企業に対する銀行の優位性は薄れた。しかし，企業と銀行の関係が，根本的に変化したと考えることは早計であろう。かつての高度経済成長期から，日本ではメインバンク制が形成されてきた。日本では企業が銀行との間で，借入・貸出関係を基礎として，借入（貸出）シェアが最も高い銀行と特別な関係を築いており，こうした銀行をメインバンクと呼ぶ。メインバンクの特徴としては，①貸出シェアが最も高いこと，②企業の株式を保有し，その保有シェアが高いこと，場合によっては株式相互持合いがある，③企業に対して，人的派遣をしている，④貸出

以外でも，総合的な金融取引がある（企業が社債を発行する際に，かつては受託銀行となった），⑤長期的かつ総合的な取引関係がある，等である。

こうしたメインバンク制は今日でも本質的には存続している。例えば，2015年から2016年にかけて，大手電機メーカーであるシャープの赤字転落，被買収や，東芝の不正経理問題等があった。こうした企業の危機管理において，主要な取引銀行（メインバンク）が重要な役割を果たしたことは否定できない。日本企業のコーポレートガバナンスにおいては，メインバンクが重要な役割を果たしてきたと考えられる。

日本の企業にとって，資金調達における銀行借入のシェアは低下したものの，企業と銀行の関係は一時的な資金貸借を超えたものがある。

② **普通社債**

負債による資金調達で，証券形態をとるものが社債になる。第一に，社債は負債であり，満期までに償還しなければならない。永久資本である株式には，満期償還がないが，負債である社債は償還しなければならない。第二に，株式には議決権（株主総会に出席し，議決する権利）がついてくるが，社債には議決権はない。社債を保有すると，債権者となるが，議決権は発生しない。第三に，以下で説明するように，歴史的に有担保原則があり，担保付きが中心であったが，最近では無担保であることも多い。ただし，第7章で説明するように，社債の多くを占める電力債は担保付きとなっている。

日本では歴史的には間接金融方式が企業金融の中心であった。

したがって1980年代までは、社債発行による資金調達は限定されていた。しかし1990年代後半には、急速に社債発行額は増加した。こうした社債発行の増加は、1990年代における社債制度改革に起因するところが大きい。社債制度改革とは、社債発行限度枠、適債基準、財務制限条項設定、有担保原則、社債受託制度などの緩和である。また後述するように、1980年代以降、転換社債やワラント債などでエクイティー・ファイナンスが増加したが、90年代以降株価が低迷し、償還資金を普通社債で手当てしたことも背景にある。社債発行額は1990年代以降増加傾向にある。

社債発行限度枠とは、社債発行会社の社債発行に対して限度を設ける商法（当時）上の規制であった。1990年の商法改正までは、「資本及準備金ノ総額」または「純資産額」のいずれか少ない額を超えて発行することはできない、とされていた。すなわち企業規模が大きいほど、社債発行限度枠は高かった。これが90年の商法改正で大幅に規制緩和された。

適債基準には、社債を発行できる会社自体を制限する基準と、無担保社債発行を制限する基準があった。かつて日本では資本金や純資産額（数値基準）によって、社債を発行できる会社が規制されてきた。結果的には、大企業しか普通社債を発行できなかった。しかし1990年には数値基準が廃止され、格付け基準とされた。またかつて日本では社債発行は担保付社債が基本とされ（有担保原則）、無担保社債は財務制限条項等で規制されてきた。しかし90年代以降、財務制限条項等（無担保社債を発行するうえでの財務指標による制限）は緩和され、無担保社債の発行が増加した。

社債受託制度は、主として銀行が受託銀行として社債の募集受

託を行うことを指した。証券会社は社債の引受業務を担うが,旧日本興業銀行など長期信用銀行(長信銀)や旧三井・三菱など都市銀行が受託銀行として社債発行に深く関与してきた。「社債の募集受託」により,銀行は社債消化が困難な場合には,有力な応募者となってきた。しかし1993年に社債受託制度は廃止され,社債管理会社制度が導入された。

こうした規制緩和により,社債発行は90年代以降増加してきた。しかし,図表7-3が示すように,近年では社債発行は低迷している面もある。これは企業の資金需要自体が弱いこともある。

③ コマーシャル・ペーパー(CP)

コマーシャル・ペーパーは,実質的には短期社債である。満期が3ヵ月といった短期性の証券が中心である。CPは発行限度額が金融機関から設定され,発行企業は限度額以内で機動的に発行できる。このため企業が短期的な資金需要をもった場合,CPによって即座に調達できる。また銀行借入金利よりも,CP金利は通常低いことが多い。したがって,CPは銀行借入に比べ,その機動性と金利コストの両面で企業から選好される。

総合商社,リース会社(オリックス等)などは在庫を抱える必要がある業態で,短期の運転資金の需要が強い。こうした業態を中心にCPは発行されている。

④ **株式発行**

株式の基本的性格等は第7章で説明する。ここでは株式の発行方式について説明する。株式会社が株式を発行することを増資と呼ぶ。株式の発行によって資本金が増加することになるため,これを増資と呼ぶのである。増資は大きくは株主の払込みの有無に

よって2つに区分される。株主の払込みを伴う場合，有償増資と呼ばれる。これに対し，株主が払込みをしない場合，株式分割（または無償増資）と呼ばれる。

株式を発行する方法には，公募，第三者割当，株主割当がある。公募増資は，広く一般に新株購入を募集することである。これに対し，第三者割当は特定の企業などに株式を引き受けてもらうことである。第三者割当は企業買収への防衛策として発動されることが多い。第三者割当増資では，特定の株主に発行するので，私募発行となる。株主割当は，既存の株主に対し，持ち株数に応じて新株を発行する。

株式が発行される場合，発行価格は大きく2つに区分される。額面株であった場合，額面価格で発行されれば，額面発行となる。日本では現在，時価発行増資が定着したが，かつては額面（額面50円が多く，50円で発行）発行されていた。額面50円発行であれば，配当5円とすれば，その調達コストは10％（5円÷50円）と発行企業によって認識されやすい。このため増資はコストが高い資金調達手段と認識され，銀行借入や社債発行ができない時の，「限界的」資金調達手段と考えられていた。

これに対し，時価発行増資は市場の株価での発行となる。このため発行企業にとっては，資金調達額は飛躍的に増加する。株価が上昇する見込みがあれば，投資家が競って新株を購入する。このため市況が良ければ，時価発行増資は発行企業にとって有利な資金調達手段となる。他方，時価発行増資が増加して以降も，日本では配当が1株5円に据え置かれることが多く，発行企業にとっての資金調達コストは低位にとどまった。しかし，このこと

は同時に投資家にとっての配当利回り（年配当÷時価）が著しく低下することを意味した。このため投資家は配当利回りで投資するのではなく、キャピタル・ゲイン期待で投資することとなり、市場が投機化する一因となった。

2001（平成13）年の商法改正により、従来の額面株式に関する規程が廃止され、無額面株式に統一された。額面株式とは、定款に株式の金額が規定され、また株式の券面に券面額が表示される株式である。無額面株とは、株券の券面に金額の記載がなく、株式数だけが記載される株式である。現在は、新規に発行される株式に額面額はなくなっている。第7章の株式発行市場でも説明する。

⑤ **転換社債、ワラント債**

2002年の商法（現会社法）改正によって、転換社債は転換社債型新株予約権付社債、ワラント債は新株引受権付社債と呼ばれ、ストック・オプションも含め、新株予約権という概念で包括されるようになった。ストック・オプションとは、あらかじめ決めた価格で自社株を購入できる権利を取締役や社員に与えることを指す。これらに共通することは、将来発行される新株を予約することである。

転換社債は当初、普通社債として発行される。しかし普通社債を一定の価格で株式に転換する権利が付与されている。株価が上昇し、一定の価格（転換価格と呼ばれる）を超えてくると、投資家は転換社債を株式に転換請求できる。転換社債保有者は社債権者から株主に移行する。他方、株価が上昇せず、転換価格を超えなかった場合、投資家は転換社債を普通社債として、満期まで保

図表3-5　転換社債発行額と日経平均株価

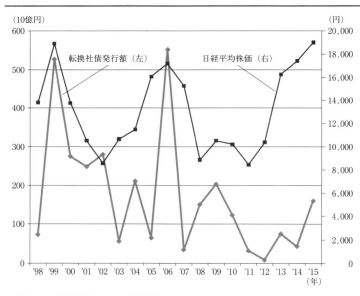

出所：日本証券業協会，日本経済新聞社のホームページから作成。

有し，元本を償還されることとなる。

　発行体からすると，投資家が転換社債を株式に転換してくれば，普通社債として償還する必要性がないため，償還資金の問題は発生しない。しかし株価が低迷し，投資家が転換社債を株式に転換せず，普通社債として満期まで保有すると，発行体は社債の償還資金を手当てしなければならない。日本で普通社債の発行額が1990年代に急増した背景は，こうした転換社債等の償還資金問題であった。日本企業は1980年代後半に転換社債等を大量に発行し

たが，1990年以降株価が低迷したため，償還資金問題に直面し，転換社債の償還資金手当てのため，普通社債発行を本格化した。

転換社債は株価が上昇すれば，投資家から株式に転換する請求が増加し，株価の値上がり益を期待できる。発行企業とすれば，投資家から転換社債の要望が強まれば，低い発行コスト（金利）で発行できる。図表3-5が示すように，転換社債の発行額は株価の動向と正の相関を持っている。転換社債，ワラント債は新株発行となる可能性があり，エクイティー・ファイナンスとされる。

(3) アセット・ファイナンス

デット・ファイナンスは負債，エクイティー・ファイナンスは株式（資本）で，いずれもバランス・シートの右（負債・資本）によるファイナンスであった。これに対し，バランス・シートの左（資産）による，資産を活用したファイナンスをアセット・ファイナンスと呼ぶ。アセット・ファイナンスには，伝統的手法と資産証券化（流動化）がある。

① 伝統的手法

資産を活用する，伝統的な手法は，経営資源の効率化である。売掛債権の圧縮，受取手形の回収期間の短縮，在庫処分，保有資産の売却などがこれにあたる。売掛債権の圧縮は，売掛金を減らす，あるいは売掛期間を短縮することで，資金繰りを改善する。受取手形の回収期間を短期化すれば，同様に資金繰りが改善され，資金（現金）調達となる。保有している不動産（工場等の土地，建物），株式を売却することでも，資金を調達できる。

図表3-6 資産証券化の仕組み

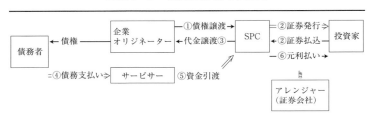

② 資産の証券化

最近，アセット・ファイナンスとしては，資産の証券化が注目されている。キャッシュ・フロー（現金収入）を生む債権（資産）を売却することで，資金を調達する。この場合，証券が発行されるため，資産の証券化と呼ばれる。図表3-6に沿って以下で説明する。

第一に，企業が保有する債権（何らかの現金収入を生む権利，資産）を特別目的会社（SPCまたはSPV）に売却する。債権が住宅ローンであれば，ローン金利がキャッシュ・フローになる。債権を保有していた企業を，オリジネーターと呼ぶ。

第二に，SPC（名目だけで，実体はない）は譲渡された債権を裏付けとする証券を発行する。そして投資家に証券を販売する。証券の発行・販売には，アレンジャーとして，証券会社や投資銀行が関与する。

第三に，SPCは投資家に販売した証券の代金をオリジネーターに支払う。これによって，オリジネーターとしては，債権をより早い期日で現金化できる。

第四に，譲渡された債権の債務者（住宅ローンならば，借りた人）は，期日に債務（元利）支払いをする。この場合，サービサーと呼ばれる債務回収業者を経由して支払われることもあるが，オリジネーターが兼務することが多い。

第五に，サービサー（オリジネーター）は返済された資金をSPCに渡す。

第六に，SPCは受け取った資金で，投資家に対し元利払いする。

以上であるが，債権は住宅ローンの他，自動車ローン，クレジット・カード・ローンなど，キャッシュ・フローが見込めれば，何でもよい。社債や株式発行の場合，発行企業の財務等が問題となるが，アセット・ファイナンスでは売却される債権自体が問題である。オリジネーターからSPCに売却されるのは，オリジネーターが倒産しても債権への影響を遮断するためで，これを倒産隔離と呼ぶ。また倒産隔離が確実であるためには，本当に売買されていることが必要で，これを真正売買という。また，こうした証券化によって発行された証券を資産担保証券（ABS）と呼ぶ。

第4章　金融機関

　第2章で家計，第3章で企業について学んだ。そこで本章では，部門間資金循環を仲介する金融機関について学ぶ。金融機関の区分については，複数の区分が可能である。第一には，債務証書を発行するか，否かという区分である。第二は，信用創造機能を持つか，否かという区分である。第三には，民間金融機関か，公的金融機関か，という区分である。

I　金融機関の区分

(1) 債務証書発行による区分

　銀行が預金を受け入れる場合，銀行は自らの債務（負債）として受け入れ，銀行の貸借対照表に計上される。銀行自らの資金調達となる。また保険会社が生命保険や損害保険の加入者から保険料を受け入れる時，保険会社はやはり自己の債務（負債）として受け入れ，保険会社の貸借対照表に計上される。こうした場合，銀行や保険会社は債務（負債）として受け入れ，債務証書を発行する。具体的には，銀行の預金通帳や保険会社の保険証書となる。銀行や保険会社は間接金融の担い手である。

　他方，金融機関のなかでも，自らの負債として受け入れないものがある。証券会社である。投資家が，証券会社で国債や社債，株式を購入した場合，証券会社は自らの債務（負債）として受け入れるわけではない。証券会社にとっての資金調達ではないし，貸借対照表に計上もされない。証券会社は債務証書を発行するわ

けではなく，最終的な資金の受け手である企業や政府が本源的証券を発行する。これが直接金融である。

(2) 信用創造機能（決済機能）による区分

銀行も保険会社も企業に対し，貸出をする。しかし，両者には相違がある。保険会社は保険加入者からの保険料収入の範囲内でしか貸出ができない。他方，銀行は時として預金を超えて貸出が可能である。これは信用創造機能とも呼ばれる。

銀行が貸出をする場合，貸出先の企業などの預金口座に振り込むことになる。したがって貸出と同時に，預金が増加することになる。この場合，準備預金制度にもとづく，準備率の制約があるだけである。銀行は自分の銀行が受け入れている預金残高に対し，準備率を乗じた準備預金額を日銀に積まなければならない。貸出をすれば，預金残高も増えるので，日銀に積む準備預金額も増加する。こうした意味で銀行はマネーを創り出すことが可能で，信用創造機能を持つ。こうした機能は金融機関のなかでも，銀行にだけ固有の機能である。

さらに銀行の信用創造機能は，決済機能と密接不可分に関連している。銀行の貸出は預金口座に振り込まれ，預金口座だけが決済機能を有する。証券会社，保険会社は信用創造機能，決済機能を持たない。

(3) 公的金融機関と民間金融機関

金融機関の区分として，公的金融機関か民間金融機関か，という区分がある。公的金融機関として，預貯金の分野ではゆうちょ，

保険の分野ではかんぽ，年金の分野では厚生年金と国民年金がある。年金も資金の調達と運用をするので金融機関として位置づけられる。ゆうちょ，かんぽは，民営化され株式売却が進んでいるが，政府の持ち株比率が50％を超えている限りは，公的金融機関といえる。また財投対象機関（日本政策金融公庫等）も政府持ち株比率に応じて公共的な性格を保持している。

Ⅱ 銀　　行

銀行の本質的機能としては，預金受け入れ，貸出（信用創造），為替（決済）がある。

(1) 銀行貸出

手形によって，手元に現金が不足する企業でも，原材料等を調達し，生産を拡大できるようになった。また手形を受け取った企業は，その手形を銀行へ持ち込み，手形割引によって，手形の期日前に現金化できるようになった。手形割引にあっては，持参人（手形を持ち込んだ企業や個人）が裏書し，銀行は持参人に対して，現金を供与する。実はこれが銀行貸出に他ならない。こうして手形から銀行貸出へと発展する。

銀行の貸出は，銀行が貸出先である企業や個人に対して，お金を貸すことであるが，銀行が信用を与えることから，与信とも呼ばれる。この場合，銀行は貸出先の預金口座に預金を設定することで貸出をする。銀行は集めた預金の範囲で貸出をするのではなく，預金を設定する（信用創造）ことが可能である。銀行の貸出には以下の4種類がある。

A 手形割引

手形持参人に対し，割引料（金利）を差し引いた後，手形を買い取ることで，持参人に対して資金を供与すること。金利を付して，貸し出すことと実質的に同じである。

B 手形貸付

資金を借りようとする人（企業）が，手形を振り出す。その場合，銀行あて（支払期日に銀行が受け取る）の手形を発行する。その手形を銀行が買い取ることで，貸出をする。

C 証書貸付

証書による貸出のこと。通常，個人が借り入れる住宅ローンなどでは借入契約書を取り交わす。こうした契約書など証書による貸出を指す。

D 当座貸越

当座預金に対し一定額以内で預金残高を超す小切手や手形の発行を認めること。借り手からすると，手続きが簡便であること等がメリットである。

全国の銀行116行の合計では，貸出の合計は523兆円で総資産の51％を占めるが，貸出の比率は低下している。内訳を見ると，手形割引が1.9兆円，手形貸付が19.7兆円，証書貸付が442兆円，当座貸越が59兆円となっている。貸出の84％が証書貸付となっている（2015年3月末，全国銀行協会）。手形割引，手形貸付は減少している。

貸出は近年伸び悩んできた。他方，預金は2000年以降においても一定の伸びを示してきた。図表4－1はメガバンクに関し，主要な財務指標を示す。いずれも預金（負債）を貸出が下回り，預

図表4-1　メガバンクの主要財務指標

(10億円，%)

	資　産			負　債		預貸率
	現預金	有価証券	貸出金	預金	負債・資本(計)	
三菱UFJ	50,621	65,233	113,348	156,099	295,777	72.6
三井住友	39,674	27,047	75,950	104,156	187,506	72.9
みずほ	37,393	38,888	75,883	102,163	186,118	74.3

(注) 2015年12月期　預貸率＝貸出÷預金（負債）。
出所：各行決算資料から作成。

貸率が70％台にある。貸出の伸び悩みについては，以下の3点を指摘できる。第一に，企業が債務返済を強化したことである。1990年代に銀行が貸出を増加させた結果，企業は借入（債務）超過となっていた。企業は資産の圧縮（土地や株式などの売却，工場の閉鎖など）を通じて，借入も返済してきた。

　第二に，製造業を中心として，大企業が資金余剰となり，外部資金への依存度が低下した。また外部資金を求める場合にも，銀行借入ではなく，証券市場で調達する直接金融へシフトが進んだ。製造業の大企業は設備投資する場合でも，内部資金（利益や減価償却費など）で十分まかなえた。また外部に資金を求める場合でも，短期資金はCP（コマーシャル・ペーパー），長期資金は社債や株式で調達できた。調達コストが安いことや，機動的に資金が調達できることなどが背景にある。

　第三に，1990年代以降，不良債権問題で銀行が中小企業むけを中心に貸出に慎重となった。これは一般に銀行が「貸し渋り」もしくは「貸し剥がし」として批判された問題である。ただし，こ

れは行政の問題でもあった。当時,金融庁は銀行の資産(貸出)を検査し,貸出の担保価値が低下していると,担保の積み増しを指導してきた。銀行として,貸出先に担保積み増しを求めることになるが,貸出先が積み増せない場合,貸出を回収することになる。他方で,銀行預金は一定増加してきた。この預金の銀行による運用先としては,無リスクとされる国債となった。

　第四に,BIS(国際決済銀行)規制と呼ばれる基準があり,これを守らないと銀行は国際業務ができないことになっている。具体的にBIS規制は自己資本比率規制であるが,単純な自己資本比率ではない。分母は総資産だが,国債などは無リスクとされ,資産に算入されなかった。しかし貸出はリスク資産とされ,資産に算入しなければならなかった。したがって貸出を増加させれば,資産が大きくなり,自己資本比率は低下する。以上のような要因を背景として,貸出は伸び悩んできた。

(2) 貸出のポイント

　銀行貸出の性格を考えるうえで,重要なポイントは以下である。

① 期　　間

　第一は貸出の期間である。短期(1年未満)の貸出か,長期(1年以上)の貸出か,により貸出の性格は異なる。長期であれば,貸出のリスクは大きくなる。日本では銀行に対し,「長短分離規制」という規制がかつてあった。これは短期貸出について都市銀行や地方銀行が対応し,長期貸出について長期信用銀行や信託銀行,そして公的金融機関が対応する原則を示したものであった。

　しかし企業の長期金融を銀行が担ってきたことは,日本的特徴

でもあった。そもそも，企業の長期資金は欧米では長期資本市場である証券市場で調達されてきた。しかし日本では証券市場の形成が遅く，1980年代以降となった。明治以来，資本主義の発展が遅く，貯蓄も不足し，資金不足だったからである。証券市場に代わり，産業に長期資金を貸し出してきたのが，長期信用銀行や信託銀行，そして公的金融機関であった。

② 担　　保

　第二には，担保の有無である。もともと，担保は貸出が回収できなくなった場合，貸出を回収し，預金の保全をはかるためである。銀行にとって預金は確定債務であり，しかもペイオフ解禁後も元本1,000万円とその利子については保証している。こうした預金という負債との関連で，銀行は貸出をしている。したがって貸出が回収されなくなった場合には，預金が損害を受ける可能性がある。こうした可能性が現実化しないために，貸出には担保をとり，預金を保護すると考えられてきた。しかし，貸出の回収が確実視される場合には，無担保ということになる。

　担保には物的担保と人的担保がある。物的担保は，物を担保にとることである。具体的には，不動産，有価証券，預金などである。日本では物的担保としては，不動産，とくに土地が中心であった。

　人的担保としては，保証人が代表的なものである。万一，貸出が本人から回収されない場合でも，保証人が回収を保証するということになる。また「連帯保証人」となれば，本人と同じ責任を負うことになる。従来，「根保証」問題があった。根保証とは，保証人が自らの私財を含めて全面的に保証する（根っこから保証

図表4-2　貸出の担保内訳

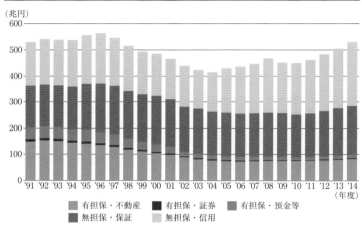

出所:『日本銀行統計』から作成。

する)、ということである。結果的に、零細企業の経営者が根保証して、返済できず、個人財産など全てを失う、といった事態があった。しかしこうした保証のあり方は、企業経営者を不安にさせ、「起業」を妨げる可能性がある。そこで根保証は見直しの方向で検討（民法改正）されている。

以上のように、担保には物的担保と人的担保があるが、これらはいずれも有担保である。しかし、最近、有担保貸出から無担保貸出へ変化してきた。図表4-2が示すように、貸出のなかで有担保が減り、無担保が増加している。これはひとつには、地価の下落が1990年代以降続き、担保として信用が揺らいだことにある。

無担保貸出が増加してきた、もうひとつの背景は、シンジケー

ト・ローンの普及である。シンジケート・ローンとは，複数の金融機関（銀行等）が協調融資団（シンジケート）を組成し，同一の契約書によって（つまり同一の貸出条件）企業に貸し出すことをさす。従来は，ひとつの銀行（メインバンク）から借り入れることが基本で，複数の銀行から借り入れる場合には，条件が異なっていた。

シンジケート・ローンはもともとユーロ市場（ロンドンやルクセンブルクを中心とする国際金融市場）で発達したが，近年日本でも普及している。複数銀行による貸出であり，銀行にとってリスクが分散される。リスクが分散されることもあり，無担保が基本である。無担保の代わりに，貸出先の企業業績が審査される。この審査にあたっては，財務制限条項と呼ばれる項目があり，財務諸表の指標が悪いと，貸出されない。これは貸出の際の審査が，土地など担保の審査から，企業業績に変わってきたことを意味する。

③ **貸 出 先**

日本の銀行の貸出先はかつて大企業が中心であった。高度成長期に大企業は活発に設備投資したため，資金需要は旺盛であった。しかし，すでに説明したように，低成長に移行し，大企業は資金余剰となった。設備投資が減少したからである。このため銀行の貸出先として，大企業に代わり，個人等の比率が上昇してきた（図表4-3参照）。

個人向け貸出の中心は住宅ローンである（図表2-5参照）。これは個人向けとはいえ，貸出先の土地や家屋が担保になるので，従来の銀行貸出でも手がけやすい領域であった。しかし期間が長

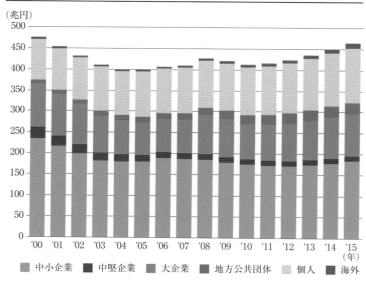

図表 4-3　銀行貸出の貸出別内訳

(注)　銀行のみで，信用金庫を除く。
出所：『日本銀行統計』から作成。

期にわたるため，期間リスクがあり，かつては金利が高めであった。しかし2000年以降のゼロ金利政策の時期に，民間銀行の住宅ローン金利は急速に低下し，住宅金融公庫よりも低くなった。こうして銀行の個人向け貸出は増加している。

④ 金　　利

　貸出条件において最重要ともいえる事項が，金利である。銀行貸出の金利は基本的には，期間に応じて基準が決められている。

A 長期貸出金利

　長期貸出については，かつては長期信用銀行が設定する長期プライムレート（最優遇貸出金利：長プラ）が基準となってきた。現在は，新規発行の国債利回りを基準に，各銀行が決めている。しかし2016年以降，国債がマイナス金利となっても，貸出金利はマイナスにはなっていない。

B 短期貸出金利

　短期貸出については，1989年までは公定歩合に連動していた。しかし金融自由化が進み，資金調達方法の多様化が進んだ。CD（譲渡性預金）やCP（コマーシャル・ペーパー）でも資金が調達でき，銀行間で調達コストに違いが生まれるようになった。こうして現在は，短期プライムレート（短プラ）は各銀行が独自に設定している。

長期貸出は長プラを基準に，短期貸出は短プラを基準に，それぞれ決められることになってきた。しかし，日本の実状では期間リスクや貸出先の信用度，さらには担保の有無に応じて，金利が変化するという構造になっていない。本来，金利はリスクに応じて変化するものである。貸出が長期である場合や，貸出先の信用度が劣れば，リスクが高いはずだから，金利は高くなるはずである。他方，貸出が短期である場合や，貸出先の信用度が高ければ，リスクが低いから，金利も低くなるはずである。

しかし日本では金利がほとんど一律に近くなっている。2015年時点での銀行貸出を見ると，金利1％未満の貸出が207兆円（構成比48％），1〜2％の貸出が155兆円（同36％），2〜3％の貸出が54.8兆円（同12％）である。3％未満の金利での貸出合計は

416.8兆円で，貸出全体の合計額434兆円の96％となる。

　これは銀行にとっても決して有利なことではない。どうして日本では銀行の貸出金利に差が生じないのか。これには複数の説明がある。ひとつは，銀行が多すぎ，競争が激しいからだ，という説明である。オーバーバンキングとも呼ばれる。また別の説明は，日本の銀行は技術力（ハイテク，バイオ等）評価のノウハウがないため，貸出にあたり金利は同水準になりやすい，ということである。

(3) 銀行の種類

　銀行には普通銀行のほか，協同組織金融機関，長期金融機関などがある。普通銀行はメガバンクと呼ばれる都市銀行のほか，地方銀行，第二地方銀行がある。協同組織金融機関には信用金庫と信用組合等があり，長期金融機関には長期信用銀行と信託銀行があった。

① メガバンク（都市銀行）

　1980年代の後半，日本には13行の都市銀行があった。しかし2016年現在，りそな銀行を含め4グループに集約されている。一般に，メガバンクという呼称にりそなグループは含めないが，都市銀行にりそなグループは含める。

　三菱東京UFJ銀行は2006年1月に，東京三菱銀行とUFJ銀行の合併により誕生した。もともと，東京三菱銀行は1996年4月に東京銀行と三菱銀行の合併で誕生した。東京銀行は戦前の特殊銀行・横浜正金銀行が母体であった。横浜正金銀行は貿易に伴う金融の専門銀行として，1880（明治13）年に国立銀行条例により設

立された。

UFJ銀行は2002年1月に三和銀行と東海銀行が合併して誕生した。UFJ銀行はダイエー，双日，大京のメインバンクとして，大きな不良債権を抱えていた。こうした背景でUFJ銀行は東京三菱銀行と2006年に合併した。

2002年4月に富士銀行と第一勧業銀行，そして日本興業銀行が合併して，持ち株会社みずほホールディングス（みずほ銀行が中核）が誕生した。富士銀行は戦前の安田財閥系の安田銀行が前身であった。安田財閥は芙蓉グループとなり，丸紅とならび，富士銀行はその中核であった。しかし1980年代の後半に貸出を急増させ，後に不良債権を抱えることになった。このため約1兆円の公的資金注入を受け，合併することとなった。

第一勧業銀行は1971年に第一銀行と日本勧業銀行が合併して成立した。日本勧業銀行は1897（明治30）年に農工業中心の長期融資銀行として政府主導で設立された。第一銀行は明治6年に開業した第一国立銀行が前身であった。

日本興業銀行は1902（明治35）年に重工業向けの長期金融銀行として設立された。1950年に長期信用銀行となったが，大企業の銀行離れ等を背景にして，1990年代に不良債権を抱えた。このため，第一勧銀，富士との合併を選択した。

三井住友銀行は，2001年4月に住友銀行とさくら銀行が合併して誕生した。1973年に太陽銀行と神戸銀行が合併して太陽神戸銀行となり，1990年に太陽神戸銀行と三井銀行が合併して太陽神戸三井銀行となり，1992年に太陽神戸三井銀行はさくら銀行へ名称を変更した。その後，住友銀行と合併した。

以上の3行がメガバンクと呼ばれる。

　りそな銀行は大和銀行とあさひ銀行との合併により2003年3月に誕生した。大和銀行は1918年に野村徳七が設立した大阪野村銀行がルーツである。都市銀行としては，唯一信託兼営が可能であった。現在でも，年金信託など企業年金の分野では非常に強い。しかし1995年に大和銀行のニューヨーク支店が米国債の取引で約1,100億円の損失を計上し，米当局への報告を怠っていたため，すべての国際業務からの撤退を余儀なくされた。一方，協和銀行と埼玉銀行が1991年に合併して協和埼玉銀行となり，1992年に名称を変更してあさひ銀行となった。りそな銀行は発足直後の2003年4月に監査法人が監査を辞退し，自己資本不足が明らかとなり，優先株だけでなく，普通株による公的資金注入もなされ，実質国有化されるに至った。その後，公的資金は返済した。

　以上で見てきたように，1980年代の後半に都市銀行は13行であったが，2005年以降4グループに集約されている。しかも，りそなグループは国際業務から撤退しているうえ，一時国有化された銀行であり，実質的には3グループと言える。銀行が合併や経営統合を繰り返してきた理由は何か。第一には，1980年代後半のバブル経済によって不良債権が形成され，合併を通じて経営の合理化をはかり，不良債権の整理に取り組んできたことがある。合併により重複店舗が整理され，収益力が強化された。第二には，銀行がコンピューター装置産業化しており，規模の拡大により，システム投資のコストを吸収しやすいことがある。CD－ATM（現金自動支払機）の増加や，ネット銀行の普及で，銀行はシステム投資が増加している。第三には，国際業務の競争に勝つために

は，欧米の巨大金融機関と資金力で伍していく必要があり，規模の拡大が必要となる。

② **リージョナルバンク**

リージョナルバンクには，従来からも地方銀行と呼ばれてきた銀行グループと，第二地方銀行（第二地銀）と呼ばれる銀行グループがある。

地方銀行は機能としては，都市銀行と変わらない。ただし基本的には各都道府県に拠点があり，店舗展開が都道府県に限定されてきた。これは，かつて金融行政によって銀行の支店や営業所などの出店が規制されていたためである。

そもそも都市銀行と地方銀行の区分は何か。有名な話だが，かつて都市銀行の預金量で最下位だった埼玉銀行よりも，地方銀行トップだった横浜銀行のほうが預金量で上であった。預金量や総資産額では，都市銀行と地方銀行の線引きはできなかった。結局，金融行政による裁量が決めていた。

地方銀行のなかでも，第二地銀と呼ばれる銀行がある。第二地銀はかつての相互銀行が普通銀行に転換したものである。相互銀行とは，戦前の無尽会社を起源とする金融機関である。無尽会社は，相互融通金融をしていた。つまり商店街で各商店が掛金を出し合い，入札（金利が高いと落札）によって融資する制度であった。こうした経緯から相互銀行は中小企業向けの専門金融機関で，貸出先は中小企業に制限されてきた。1990年までに多くが普通銀行に転換し，第二地銀となった。

③ **協同組織金融機関**

信用金庫や信用組合などの金融機関は，協同組織金融機関と呼

ばれる。この協同組織金融機関には、信用金庫、信用組合のほか、労働金庫、農協組合、漁協組合が含まれる。まず協同組織金融機関は株式会社ではない。メガバンクやリージョナルバンクは株式会社であり、多くは上場企業だが、協同組織金融機関は会員の出資にもとづく協同組織であり、非営利法人（NPO）である。しかし、だからといって、社会貢献をめざすボランティア団体でもないので、採算を度外視するわけではなく、そこに協同組織金融機関の課題や難しさがある。

　まず協同組織金融機関には、全体的に営業地域の制限がある。基本的には地元でしか営業できない。また銀行には預金受け入れや貸出先に制約がないが、協同組織金融機関は会員・組合員を基本としている。

　信用金庫は信用組合のなかから育ったもので、1951（昭和26）年の信用金庫法により成立した。預金受入れについては会員以外からも可能であり、日銀に準備預金を有して預金準備制度が適用される。貸出以外はほとんど銀行と変わらない。地方銀行や第二地銀も実質的に営業地域については規制されてきたから、信用金庫はリージョナルバンクとほとんど変わらない。

　リージョナルバンクと信用金庫の違いは、貸出についてである。リージョナルバンクの貸出には規制がないが、信用金庫の法人向け貸出は従業員300人以下、資本金9億円以下に制限されている。

　次に、信用金庫と信用組合の違いは何か。まず信用金庫は日銀の準備預金制度が適用されるが、信用組合は適用されない。また信用金庫の場合に預金受入れについての制約がないが、信用組合については預金受入れについても制約されている。信用組合の預

金受入れは原則として組合員限定である。

④ 長期金融機関

長期金融機関としては，長期信用銀行と信託銀行があった。しかし，長期信用銀行はいずれも，普通銀行に転換し，現在は存在していない。

長期信用銀行とは，日本興業銀行，日本長期信用銀行，日本債券信用銀行の3行を指した。長信銀3行はもともと大企業向け長期貸出が中心であったが，大企業の企業金融が変化し，貸出先を失った。そしていずれも不動産関連に過剰融資し，これが不良債権化して経営破綻もしくは他行との合併に至った。

日本興業銀行はすでにみずほ銀行との関連で説明した。日本長期信用銀行は1998年に経営破綻となり，日本政府により一時国有化された。その後，政府からアメリカの投資ファンド・リップルウッドなどに売却され，2000年6月に新生銀行として普通銀行に転換した。日本債券信用銀行は1957年に旧朝鮮銀行を引き継ぐ形で，日本不動産銀行として設立された。1977年に日本債券信用銀行と名称を変更し，2001年にあおぞら銀行となった。

信託銀行は銀行業務と信託業務を兼営している。信託銀行も企業の借入需要が減り，企業貸出中心の銀行業務ではなく，信託業務に力を入れている。

まず信託とは，委託者（もしくは自分）が受託者（信頼できる人）に財産権を引き渡し，一定の目的に従い，受益者（第三者）のために，その財産の管理や運用等を委託する（任せる）制度である。受託者は，専門家が一定の報酬を得て，財産の管理や運用にあたっている。まさしく信託銀行が果たしている役割は，受託

者である。

　信託銀行が現在強化している信託業務のなかで最も身近な信託は投資信託であろう。信託銀行は年金信託でも重要な役割を果たしている。また土地信託，遺言信託なども信託の大きな柱である。最近では，知的財産権（著作権など）の信託も始まっている。

Ⅲ　保険会社

　生命保険や損害保険といった保険会社も金融機関であり，保険加入者から保険料を集め，有価証券や貸出で運用している。

(1) 生命保険会社

　かつて日本の生命保険会社はすべて相互会社形態であった。その後，数社が株式会社形態に転換した。少なからぬ生命保険会社は，現在でも相互会社形態をとり，株式会社形態ではない。相互会社としての生保は，「相互扶助」という生命保険の基本理念から規定されている。生命保険は死亡や病気などで経済的に困難となった時に備え，相互に助け合おう，という制度である。図表4-4が示すように，主要な生保会社は外資系も含み20社近くある。日本の生保会社のうち，第一生命等が株式会社で，上場もしている。

　生命保険会社の保険は大きく3つに分かれる。第一に，個人保険である。個人保険は伝統的な終身保険や定期保険がかつて中心であった。これは一生（終身）か，一定期間（定期）かに応じて，死亡や病気になった場合，保険金を支払う。これらの伝統的な商品のほか，「ガン保険」や「医療保険」，さらには「こども保険」

が成長している。

　第二に，個人年金保険である。公的年金である国民年金や厚生年金，企業年金である厚生年金基金等のほか，個人として加入する年金が個人年金である。個人年金には従来からも需要があったが，2002（平成14）年10月から銀行による窓口販売（銀行の店舗窓口で保険を販売すること）が開始されて，急速に伸びてきた。個人年金のうち，変額年金は運用成績に応じて，将来の年金受取額が変化する年金保険である。余裕のある老後生活のためには，公的年金だけでは不安があることも影響している。図表4-4には，プルデンシャルなど外資系生保会社があるが，外資系は変額保険で優位性を持ってきた。

　第三に，団体保険である。勤務先の企業や業界など団体として加入する保険である。団体保険は全体的に減少する傾向にあるが，団体保険には，団体として加入する年金が含まれる。団体年金は，適格年金（2012年廃止），厚生年金基金などの企業年金が中心であった。

　生命保険会社は以上のような保険によって保険料を集め，運用によって保険金支払いや年金支払いにあてている。2014年度末の時点（以下同じ）で，保険会社の資産は合計で367兆円程度（かんぽ生命含む）だが，うち81.5％が有価証券，10％が貸出となっている。生保でも有価証券が増加し，貸出は減少してきた。

　有価証券のうち，国内株式が7.6％，国債が49.7％，社債が8.3％，外国証券が24.5％という構成になっている。1985年度には，生保の資産のうち株式が42％となっていたが，近年縮小してきた。これは1990年代の株価低迷期に株式投資の利回りが悪化し

図表 4-4　主要な生命保険会社

(億円)

	保険料収入	基礎利益
第一	54,327	4,720
日本	53,371	6,790
明治安田	34,084	5,063
住友	25,971	4,050
プルデンシャル	21,157	1,683
T&D	19,580	1,827
メットライフ	17,476	696
アフラック	15,316	4,529
MS & AD	14,986	-172
ソニー	9,140	765
マニュライフ	8,017	-17
富国	7,964	959
東京海上	7,791	254
アクサ	5,489	617
三井	5,451	590
マスミューチュアル	4,689	191
朝日	4,059	276

(注) 2015年3月期。
出所：新聞報道から作成。

売却したこと，時価会計への移行で株式の含み益（時価と簿価の差額）に頼った経営がしにくくなったこと等，さまざまな背景が影響している。他方，国債の比率が上昇してきた。国債は満期20～30年など超長期の国債が登場し，資金を長期的な観点から運用する生保に適している。また地方債や社債は近年横ばいで推移し

ているが，流動性（売買しやすさ）の不足が課題となっている。

　生保による貸出については，金額と同じく資産の構成比率でも減少（低下）している。生保の貸出（一般貸付）の約80％が企業向けとなっている。その多くは大企業で，大企業の資金需要の低下によって，銀行と同じく，生保の貸出も減少している。また個人向けとしては，住宅ローンなどを手がけているが，銀行の住宅ローンが非常に低金利となり人気化した結果，生保の住宅ローンは減少している。

(2) 損害保険会社

　損害保険（損保）会社の保険料収入は2015年上半期合計で約4.3兆円だが，うち46％が自動車保険，12％が自賠責保険（自動車損害賠償責任保険），17％が火災保険（住宅，ビルなど），9％が傷害保険となっている。会社名にも付されている「海上」保険（船舶，積荷）は，3％程度で，傾向として比重は低下している。自賠責も自動車保険だが，法定の強制保険である。こうした自動車関係の保険が現在の損保会社にとって中心となっている。損保会社の収益は，自動車の販売台数等で規定されるが，主要な新規購入層である若年層が少子化で，保険料収入は減少している。また火災保険は住宅保険とも言えるが，住宅着工戸数などマクロ経済動向に影響される。また災害の発生状況により，保険金支払いが増加し，企業として費用が増加する。

　こうした保険料を損保会社は，保険金支払いに備えて運用している。損害保険会社の総資産は合計で30.8兆円（2015年9月）になる。最も構成比が高い資産はやはり有価証券で66％，ついで貸

出が6％, 不動産が3％台, 預貯金が5％台となっている。有価証券の内訳は, 株式が10％台 (対総資産比率, 以下同じ), 外国証券が24％台, 国債が20％台, 社債が9％台となっている。生保が契約内容から長期性資金が中心になるのに対し, 損保は短期性資金が中心になる。

損保ジャパン日本興亜は, 2002年に安田火災と日産火災が合併し成立した。三井住友海上は2001年に三井海上と住友海上が合併, さらに2010年に三井住友海上, あいおい損保, ニッセイ同和損保の3社が経営統合し, MS & AD インシュアランスが成立した。ミレアは2002年に設立され, 2004年に東京海上日動火災保険が発足した。損保業界は大手3社に実質的に集約されつつある。自動車市場等が成熟し, 国内保険収入に限界があるなか, 合併して海外市場に進出を強めている。

Ⅳ 証券会社

証券会社は直接金融の担い手だが, その業務は証券4業務と呼ばれる。第一に, 委託 (ブローキング) 業務である。これは顧客から委託されて, 証券の売買注文を仲介 (ブローキング) して, 取り次ぐ業務である。顧客が株式を売買する場合, 相手方が必要であるが, 顧客としての投資家は自分で相手を見つける (探索) ことができない。そこで証券会社に委託して, 証券取引所や店頭市場 (業者間市場) において売買相手を見つけてもらう。証券会社は探索するコストとして, 委託手数料を受け取る。

委託手数料はかつて, 証券会社の受け入れ手数料の80％以上を占めてきた。しかし日本でも1990年代に入り, 固定手数料 (どこ

の証券会社でも同じ手数料）が廃止され，手数料が自由化された。結果として，証券会社は手数料を引き下げた。ネット証券の台頭は，手数料自由化と密接に関連している。

　第二に，自己売買（ディーリング）業務である。証券会社は投資家の売買をつなぐだけではなく，自己の資金で証券を売買できる。これを自己売買業務と呼ぶ。先物やオプションなどをデリバティブ（派生商品）と呼ぶが，こうしたデリバティブ商品のディーリング成績が自己売買の損益を規定するようになった。それに伴い，証券会社の収益において，自己売買業務が重みを増している。

　第三には，引受（アンダーライティング）業務である。これは企業や国が証券（株式，社債，国債等）を発行する場合，証券会社が証券を買い取ることを意味する。企業金融が証券中心となるなかで，証券会社の引受業務は重要になっている。ただし引受業務にはリスクがある。証券会社として顧客に販売できない場合には自己資金で保有することになるからである。したがって引受業務には販売力が必要となる。引受業務は次にみる売り捌き業務という販売力と密接である。

　証券業務の第四は，売り捌き業務である。すでに説明したように，証券会社が引き受けた証券を投資家向けに販売することである。証券会社としては，引受業務で引受手数料を発行した企業や国からもらい，また売り捌き業務で販売手数料を投資家からもらうので，二重に収益をあげることができる。

　証券4業務は以上だが，実際には証券会社によって差がある。引受業務については日系大手証券会社と外資系証券会社（投資銀

図表 4-5　主要な証券会社

(億円)

	純営業収益	純利益
野村	16,041	2,247
大和	5,322	1,484
三菱 UFJ	4,357	509
みずほ	3,955	586
SMBC 日興	3,292	647
岡三	934	140
東海東京	813	184
SBI	721	201
SMBC フレンド	498	74
マネックス	452	34
楽天	440	128
松井	328	155
ゴールドマン・サックス	992	136
モルガン・スタンレー MUFG	983	204
ドイツ	745	213
JP モルガン	514	213

(注) 2015年3月期。
出所：新聞報道から作成。

行）が強みを有している。他方，ネット証券はインターネットによる個人投資家の委託業務が中心になっている。

　図表4-5が示すように，日系大手の野村，大和等が高い収益をあげ，銀行系の証券会社が続いている。またSBI，松井等のネット証券も収益をあげている。野村は従業員数が27,000人（連結，2016年現在）いるが，松井証券は155人，ゴールドマン・サッ

クス（日本法人）は約750人にすぎない。ゴールドマン・サックス等は米投資銀行の日本法人である。アメリカの投資銀行は引受業務中心に特化した金融機関である。投資銀行等は引き受けた証券を投資信託や年金基金など機関投資家向けに販売してきた。欧米の投資銀行等は個人投資家の委託業務は従来ほとんど手がけておらず，引受業務のほかには，自己売買（ディーリング）や機関投資家相手の売買（トレーディング）業務，M&A（企業の合併・買収）などが中心である。

　アメリカやイギリスでは歴史的に商業銀行の証券業務は規制されてきた。このため，商業銀行と投資銀行は長らく異なる業態とされてきた。ゴールドマン・サックス，モルガン・スタンレー等は投資銀行，JP モルガンは商業銀行とされてきた。

　他方，ドイツやフランスなど欧州大陸では歴史的にユニバーサル・バンクとして商業銀行と投資銀行の兼営が認められてきた。ドイツ銀行等は本体によって証券業務を営んでいる。

第5章 金利と利回り

I 経済学と金利の理論

(1) 古典派における通貨学派と銀行学派

　経済学は19世紀のイギリスの古典派経済学によって基礎づけられた。1844年に、イギリスではピール条例が制定され、銀行券発券はイングランド銀行に集中された。この時、リカード（D. Ricardo）らの通貨学派と呼ばれた経済学者は、銀行券発券は全額金準備を必要とし、金保有量の変動に応じて発券量が変化することが望ましい、と主張した。この通貨学派の主張は、イングランド銀行の制度にも、大きな影響を与えた。通貨学派は貨幣数量説（貨幣量の変化は、物価の変化をもたらす）にもとづいていたから、銀行券、すなわち貨幣は金の裏付けにおいて変動することを主張した。

　通貨学派の主張は、$MV = PT$ という恒等式に表される。Mは貨幣量、Vは貨幣の流通速度、Pは物価水準、Tは商品の取引量である。Vが一定期間において決まっていれば、貨幣量の変化と物価水準は正の比例関係にある。この恒等式は、交換方程式、あるいはフィッシャー（I. Fisher）の機械的数量説と呼ばれる。

　貨幣数量説に立つ通貨学派は、フランスの経済学者セイ（J. B. Say）によるセイ法則も受け入れた。セイ法則とは、「供給はそれ自体の需要を創り出す」という命題である。商品を生産すれば、必ず売れるということであり、非常に楽観的な経済観である。古

典派の時代,イギリス経済は繁栄を謳歌していたから,こうした学説が生まれたと考えられる。古典派では,需要と供給の均衡は,市場における価格の変動によって,自動的に調整され,達成されると考えられていた。

通貨学派は,利子率も国際収支を自動調整させると見ていた。イギリスで景気が過熱し,物価が騰貴し,輸出減・輸入増となり,貿易収支赤字になった場合,利子率が上昇すれば,外国資金が還流し,国際収支バランスの回復につながると考えていた。逆に,景気が低迷し,物価が下落し,貿易収支黒字となった場合,利子率の低下が外国資金の流出をもたらし,やはり国際収支バランスを改善すると考えていた。

他方,ミル(J. S. Mill)らは銀行学派と呼ばれた。銀行学派は,第一に支払手段は銀行券だけではなく,手形や預金など多様なので,銀行券だけを金に合わせて調整しても支払手段を有効に変動させられない,とした。第二に,銀行券の増減は物価変動の原因ではなく,結果である。物価が上昇し,商品が高い価格で取引された結果として,銀行券の発行が増える,とした。しかし,銀行学派も,当時の金本位制を基礎とする金融秩序を信奉していたことでは,通貨学派と同じであった。

イギリス経済も19世紀後半には,金融恐慌を繰り返し,中央銀行であるイングランド銀行の金融政策が必要と認識されるようになった。初期の金融政策として,重視されたのは,中央銀行による公定歩合政策であった。中央銀行は公定歩合(中央銀行による民間銀行への貸出金利)を引き上げることで,金準備を保有かつ維持し,最後の貸し手機能を果たすことができる,とした。こう

して19世紀後半に，利子率（公定歩合）を重視した金融政策が形成された。

(2) マーシャルの貯蓄・投資の利子率決定論

すでに述べたが，19世紀後半に入ると，イギリス経済はたびたび金融恐慌におちいり，単純なセイ法則は通用しにくくなった。

1870年頃，経済学者のマーシャル（A. Marshall）らは貯蓄・投資の利子率決定論という学説をとっていた。この学説では，「利子率が高いほど貯蓄は増加する」として，貯蓄は利子率の増加関数とされた。他方，「利子率が低いほど投資は増加する」として，投資は利子率の減少関数とされた。そして，貯蓄の供給と投資の需要が一致するところで，利子率が決定されると説いた。換言すれば，利子率が伸縮することで，貯蓄と投資が調整されると考えた。マーシャルらは市場原理を信奉しており，利子率を介して，投資（需要）と貯蓄（供給）は一致すると考えていた。

図表5-1に沿って説明すると，利子率が高いほど，投資は減少し，利子率が低下するにつれて，投資は増加するから，I（投資）曲線は右下がりとなる。他方で，利子率が高いほど，貯蓄は増加するから，S（貯蓄）曲線は右上がりとなる。そして，利子率はI曲線とS曲線の交点で決定される。

マーシャルらは，限界効用理論にもとづいていた。家計は現在の所得と将来の所得を合計し，また現在必要な消費と将来に必要な消費を勘案して，現在と将来の効用を最大化するように行動する。家計は効用を最大化するように，現在所得－現在消費＝貯蓄を決定する。こうして，S（貯蓄）曲線は限界効用理論を反映し

図表5-1 マーシャルの*I・S*と利子率

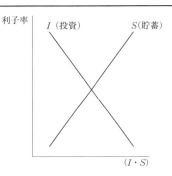

ている。

古典派経済学では,「供給はその自らの需要を生み出す」といったセイ法則を基本としており,需要と供給が均衡しない事態は想定されていなかった。マーシャルらは,セイ法則を引き継ぎ,年間を通じて,貯蓄（S）と投資（I）が均衡することを論証しようとした,とも言える。

(3) マルクス『資本論』の利子論

ほぼ同じ時期に出版された,マルクスの『資本論』（1867）では,利子は利潤の転化形態であり,資本が得る利潤の源泉は労働者が生み出す剰余価値にあるとする。労働力が剰余価値を生み出し,剰余価値は利潤となるが,機能資本家と貨幣資本家に利潤は分割され,貨幣資本家が利子（利潤）を受け取る。したがって,利子は労働者の生み出す剰余価値の転化形態であり,利子率が利潤率

を上回ることは，通常ありえないことになる。

　利子は利潤の転化形態であり，労働力が生み出す剰余価値がその源泉である。しかし利子生み資本においては，この関係が覆い隠され，利子生み資本自体が利子を生み出すように見える。これを疎外された形態，あるいは物神化と呼んだ。

　マルクス経済学は恐慌の経済学である。資本主義社会では，過剰生産恐慌が不可避であるとした。この関連で注目されるマルクスの理論は，利潤率の傾向的低下法則である。マルクス経済学では，利潤率 = M（剰余価値，利潤）÷ {C（不変資本）+ V（可変資本）} と定義される。C（機械等）は，価値を生まないので，不変資本であり，V（労働力）は価値を生み出すので，可変資本である。しかし，傾向的に資本の有機的構成が上昇する（$C+V$のなかで，Cの比重が高まる）ので，利潤率は傾向的に低下することとなる。好況局面では，資本家は拡大再生産するために，C（機械であり，設備投資）を増やすが，これを資本の有機的構成上昇と呼んだ。

　しかし，他方で C（不変資本，設備投資）の過剰蓄積が進み，過剰な供給と過小な需要（労働者の消費は制約される）が矛盾するから，過剰生産恐慌が不可避となる。マルクス理論では，再生産表式により，生産手段生産部門が拡大し，消費手段生産部門は相対的に縮小する。拡大再生産は両部門の均衡がはかられるかぎり可能だが，2部門間の均衡が崩れると恐慌が発生する。

　なお，後述するケインズの資本の限界効率は，予想利潤率を意味し，限界効率が逓減する傾向にあるとした。ケインズの資本の限界効率の議論と，マルクスによる利潤率の傾向的低下法則の間

には，かなりの共通性が見られる。

マルクス理論では，利潤率が傾向的に低下し，利子率は利潤率を超えないとされた。今日，新古典派経済学では，潜在成長率＝自然利子率という前提で，成長率低下とゼロ金利（またはマイナス金利）が研究されている。こうした論点は，マルクス理論でも提起されていたと言えよう。

(4) ケインズの流動性選好説

ケインズ理論では，国民所得の決定は，もっぱら有効需要に依存している。有効需要は投資と消費から成る。有効需要の増減は，投資の増減によって主として規定され，消費の増減は副次的である。消費は短期的には安定的で，限界消費性向（所得が1増えた時，消費に支出される割合）は1よりも小さく，所得水準が高くなるにつれ，限界消費性向は小さくなる。したがって，有効需要の変化は，主として投資によってもたらされる。

投資は資本の限界効率（予想利潤率）と利子率によって決定される。ここで資本の限界効率は，投資の増大に伴い逓減する（徐々に減少する）傾向を持つ。資本の限界効率が利子率よりも大きいかぎり，投資は実行される。しかし，資本の限界効率が利子率を下回ると，投資は見送られる。限界効率＝利子率という水準まで，投資は実行される。

では，利子率はどう決まるのか。ケインズにあっても，利子率は貨幣需要と貨幣供給によって決定される。この貨幣需要は流動性への選好でもあるが，取引動機（家計が異なる2時点で支出を円滑にするための現金需要），営業動機（企業が売上高回収の時間的間

隔の間で発生する支出のための現金需要），予備的動機（不測の支出に備える現金需要），投機的動機によって構成される。

　投機的動機とは，証券，特に債券価格の変動によって財産に発生する損失を回避するため，財産所有者が財産を通貨（現金）で保有する動機である。利子率が一定の水準を超えて下落（すなわち債券価格が上昇）すると，将来の資本損失（キャピタルロス）を回避するため，債券を売却して現金を保有する需要（遊休残高需要）が高まる。この投機的動機が強まることで，現金残高需要（流動性選好）が強まる。こうして，ケインズはマーシャルらの貯蓄・投資の利子率決定論を否定した。ケインズは，流動性選好（現金需要）により，利子率が上昇し，投資不足が発生し，有効需要不足から不均衡におちいると考えた。

　すなわち，J. M. ケインズという経済学者は，利子を「流動性を手放す対価」と考えた。流動性とは，現金への交換可能性である。流動性が高いことは，現金に交換しやすいことを意味する。逆に，流動性が低いことは，現金に交換しにくいことを意味する。そして，最も流動性が高いものは，現金自体に他ならない。資金を貸すことは，最高の流動性を手放すことだから，利子という対価を受け取るに値する。資金を借りることは，最高の流動性を受け取ることだから，利子を支払うに値する。換言すれば，ケインズは現金残高需要の強さに注目して，マーシャルらの貯蓄・投資の利子率決定論を否定した。

　ケインズは1930年代のイギリスを生き，『雇用・利子および貨幣の一般理論』という，有名な本を書いた。1930年代にイギリスは高金利になっていて，それが失業の一因と考えられた。1930年

代のイギリスは金本位制再建を狙い，海外から資金を呼び込もうとした。また第一次大戦による国債が累積し，高金利となっていた。

高金利による高失業は有効需要の不足に起因し，有効需要の不足は投資の不足による，と考えた。投資が不足するのは，資本の限界効率（予想収益率）を利子率が上回るからだ，とした。したがって，企業家は，借り入れして投資しても，収益があがる予想が持てないから，投資しないので，雇用も増えないことになる。

そこで，ケインズは低金利政策でイギリス経済を不況から脱出させようとした。低金利で民間の設備投資を増やし，また政府が公共投資を拡大し，財源は国債発行で調達する，といったケインズ政策は，1950～1970年代に主要国で経済政策の骨格となった。しかし，その結果として，インフレーションが発生した。こうした背景において，1970年代後半から，フリードマン（M. Friedman）ら新古典派のマネタリズムが注目された。フリードマンらは，マネーサプライと物価水準に正の相関があるとし，インフレ対策としてマネーサプライの抑制を主張した。

(5) ヒックスによる $IS-LM$ 分析

ケインズの理論は，ケインジアンと呼ばれる経済学者によって引き継がれた。ヒックス（J. R. Hicks）は，$IS-LM$ 分析を展開した。$IS-LM$ 分析とは，国民所得と利子率の同時決定モデルである。まず，IS 曲線とは，財市場の需給均衡を示し，縦軸に利子率（r），横軸に所得（Y）をとった時，資本の限界効率が一定であるとすれば，投資は利子率上昇に対し減少するから，右下がり

図表5-2 *IS* − *LM* 分析

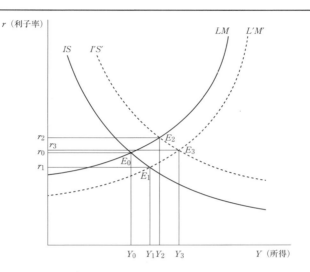

となる。しかし，資本の限界効率が上昇すると，*IS* 曲線は右上へシフトする。

同じく *LM* 曲線とは，貨幣市場の需給均衡を示す。貨幣供給が一定であるとすれば，貨幣の取引需要は ① 取引動機と営業動機，② 予備的動機，③ 投機的動機から成る。① と ② は所得の増加関数だが，③ は利子率の減少関数である。所得の増加に伴い，① と ② が増加する時，貨幣市場が均衡するためには，③ が減少する必要がある。そのためには，利子率が上昇しなければならないので，*LM* 曲線は右上がりとなる。しかし，貨幣供給が増加すれば，*LM* 曲線は右下へシフトする。図表5-2は，*IS*-*LM* 曲

線の交点で，国民所得と利子率が同時決定されること，ならびに資本の限界効率，貨幣供給で交点がシフトすることを示している。

(6) 新古典派とフィッシャー方程式

現在，主流の経済学となっている新古典派経済学では，フィッシャー方程式にもとづいて金利を分析する。フィッシャー方程式とは，名目金利＝実質金利＋期待インフレ率である。すなわち，名目金利は，実質金利に期待インフレ率を上乗せしたもの，である。ここで期待インフレ率は，一般の国債の利回りと，物価連動国債（物価に連動して，元本が増減する国債）の利回りとの格差とされることがある。

このフィッシャー方程式から，名目金利＝潜在成長率＋物価上昇率＋リスクプレミアムとされる。すなわち，名目金利は，経済の潜在的な成長率，物価上昇率，リスクプレミアムの合計となる。潜在成長率＋物価上昇率は，名目成長率と考えられ，結局，名目金利は名目成長率にリスクプレミアムを加えたもの，となる。2015年1～3月期の場合，潜在成長率は0.6％，物価上昇率は0.3％に対し，リスクプレミアムは日銀による大量の国債購入により－0.5％とマイナスで，長期金利は0.4％とされる。

リスクプレミアムは金利の期間構造と密接な関係にある。縦軸に利回り，横軸に金利の期間（債券の残存期間）をとった場合，それぞれの残存期間の利回りを曲線化したものを，イールドカーブ（利回り曲線）と呼ぶ。短期金利と長期金利の間で，完全な裁定が機能しているならば，短期金利と長期金利は等しくなり，図表5-3の水平状態になるはずである。しかし，実際のイールド

図表5-3　利回り曲線（イールドカーブ）

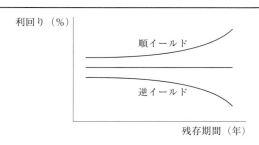

カーブは右上がりであることが多い。つまり短期金利よりも，長期金利が高くなる（順イールド）。この時，流動性プレミアム仮説の観点からは，長期間にわたり債券を保有することのリスクプレミアムが発生していると考える。逆に，イールドカーブが右下がりになることがある。つまり短期金利が長期金利を上回る場合である（逆イールド，または長短金利の逆転と呼ばれる）。短期的にインフレ率の上昇が見込まれるが，長期的には安定が見込まれる場合等，こうした逆イールドが発生する。

Ⅱ　利回り

　金利（利子）は負債としての借入や社債発行により，発生する。一方，証券投資の場合，利回りという，金利に似た尺度がある。ケインズの流動性選好における投機的需要でも，債券投資と利回りが重要な概念となっており，以下で説明する。

(1) 株式投資と利回り

株式投資の利回りは、一般に配当利回りを指す。配当利回り＝年間配当÷株価（購入した株価）である。通常、株式利回りの指標は、現在の株価によって計算される。しかし、安い株価で購入した人にとっては、株価が低いため、配当利回りは高くなる。

また株式には値上がり益（損）がある。こうした株価の変動を加味した利回りを株式総合利回りと呼ぶ。株式総合利回り＝（年間配当＋値上がり益・損）÷購入株価となる。値上がり益＝売却価格－購入価格である。株価は急速に変動するから、金利と異なり、株式総合利回りは急速に変化する。

(2) 債券投資と利回り

利回りは債券投資においては、非常に重要である。債券からの利益は、2つの部分がある。ひとつには、金利（利子）として年間で1～2回もらう現金支給分である。額面100万円の債券で表面金利（利率とも呼ぶ）が5％ならば、年間で5万円が金利として支払われる。金利は利札（クーポン）として、債券に付属している。このため、債券の金利をクーポンとも呼ぶ。10年債、5％利率ならば、5万円の利札（クーポン）が10枚、債券の券面についている。

債券からの利益には、もうひとつある。債券は額面（券面に書いてある金額）で償還（返済）される。額面に100万円とあれば、100万円で償還（返済）される。しかし、発行される時に、額面の100万円とは限らず、97万円とか、98万円で発行されることがある。投資家は97万円とか98万円で購入して、額面の100万円で

償還してもらえる。したがって100万円との差額分3万円, 2万円が利益になる。これを償還差益と呼ぶ。

また発行の時, 額面100万円で発行された場合でも, 流通市場で価格は変動する。100万円で発行されても, 流通市場（すでに発行された債券や証券が売買される市場）で98万円になったり, 101万円になったりする。98万円で流通市場において購入した投資家が100万円で償還されれば, やはり2万円が利益になる。

債券の利回りとは, 購入金額（投下資本）に対し, 金利（クーポン分）と償還差益の合計額がどれくらいの比率であるか, を示す。言い換えれば, 投下資本の投資採算であり, 利益はクーポンと差益の合計である（図表5-4を参照）。

債券利回り＝｛表面金利額＋(償還差益額÷残存期間)｝÷購入額

図表5-4 債券利回りの概念

債券は額面100円で償還される
利益は金利と償還差益の合計

毎年5円	償還差益（2円）
クーポン	
金利	
	発行（購入）価格 98円

例として,額面100円,表面金利5%,残存期間2年,流通価格98円とする。

｛5 +(100 − 98)÷ 2｝÷98だから,利回りは6.12%となる。

また発行価格98円で,10年債の新規発行(残存期間は10年),他は同じとする。｛5 +(100 − 98)÷ 10｝÷98だから,利回りは5.31%となる。ここでは入門のため,利回りを単利(金利分が元本に合計されない)としている。複利は金利分が元本に合計されて計算される。

ここで注目したいことは,債券価格が上昇すれば,償還差益が

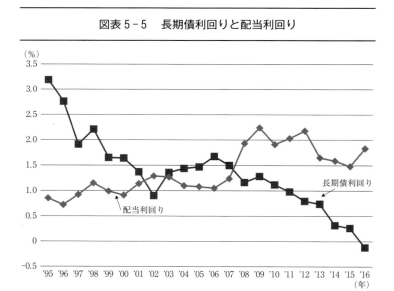

図表5-5　長期債利回りと配当利回り

(注)　2016年のみ,5月分による。配当利回りは東証一部。
出所:『金融経済統計月報』およびJPXホームページから作成。

減り,利回りは低下する。逆に,債券価格が低下すれば,償還差益が増え,利回りが上昇する,という関係である。つまり,債券価格と利回りは反比例している。金利が低下する時,債券など証券の価格は上昇する。金利が上昇する時,債券など証券の価格は低下する。

株式の配当利回りと債券の利回りは比較され,資金運用において重要視されている。株価が大きく低下すると,配当が高い株の配当利回りは上昇する。株の配当利回りが債券利回りを上回ることすら生じる。図表5-5が示すように,近年,日本の証券市場では配当利回りが長期債利回りを恒常的に上回っている。

Ⅲ 金利・利回りに影響する要因

債券の流通利回りは市場金利だから,多様な要因で変動する。債券の利回りが上昇すれば,長期プライムレートなどの主要な金利も引き上げられる。債券利回り(10年国債)は長期の市場金利だが,短期金利にも影響する。短期の市場金利としては,CDやTB(国庫短期証券)などの利回りがあるが,これらの短期市場金利は長期の債券利回りと密接に関連している。

(1) 期　　間

金利や利回りを規定する最初の要因は期間である。長期になれば,それだけリスクが高くなるから,金利は高くなる。短期であれば,リスクは低いので,金利は低くなる。同じ国債でも10年国債の金利は,1年以下の短期国債(TBやFBなど)よりも高めになる。さらに20年国債の金利は,10年国債よりも通常は高くなる。

すでに説明したように，これは金利の期間構造とも呼ばれる。

(2) 信 用 度

　金利や利回りは発行体（もしくは貸出先）の信用度によって異なる。信用度が高い企業や国が発行する債券の利回りは低くなる。リスクが低いからである。また優良企業に銀行が貸出をする金利は低くなる。しかし，財政状態が悪化した政府，自治体や，業績や財務が悪い企業の発行する債券の利回りは高めになる。リスクが高いからである。アメリカで「ジャンクボンド」と呼ばれる債券があるが，ハイリスク企業が高金利で発行する債券である。

(3) 物価動向

　物価動向は金利に非常に影響する要因のひとつである。物価が上昇している時，金利は上昇しやすい。物価が上昇することは，需要が強まっていることが多く，需要が強い時には，景気も良く，資金需要も強いから，である。ただし，紙幣（日銀券）の過剰発行により，紙幣の価値が低下し，その結果として，物価が上昇することがある。日銀が政府の国債を引き受けて，日銀券を過剰発行すると，紙幣価値が低下（減価）して，物価が上昇する。これが本当の意味でのインフレで，物への需要に変化がなくても，発生する。こうした時にも，金利は上昇する。通貨の価値が低下して，価格が上昇しているので，資金を貸借する価格＝金利も上昇する。

　他方，物価が低下している時，金利は低下しやすい。物価が低下する時は物への需要が弱まっており，需要が減少しているので，

資金需要も弱いから,といえる。

(4) 景　　気

　景気が上向くと,金利は上昇する。複数の理由がある。第一に,景気が良くなると,企業の設備投資が増加し,企業の資金需要が強まるからである。第二に,景気が良くなると,企業業績が良くなるので,株式の投資価値が高まる。そこで債券市場から株式市場に資金が移動する。債券は売られて,利回りが上昇する。債券利回りの上昇は金利の上昇である。

　景気が後退すると,金利は低下する。今度は逆に,企業の設備投資が減少し,資金需要が減るためである。また企業業績が悪化するので,株式の投資価値が低下する。そこで株式市場から債券市場に資金が移動する。株式は売られて,債券価格は上昇し,債券利回りが低下し,金利は低下する。

第6章　中央銀行

　各国において金融・銀行システムの中心に中央銀行がある。アメリカにはFRB（連邦準備制度理事会），ユーロ圏にはECB（欧州中央銀行）がある。そして日本の中央銀行が日本銀行である。日本銀行は1882（明治15）年に設立された。中央銀行は国債の売買等を通じて，証券市場や財政と密接に関連している。

I　日本銀行法

　日本銀行は日本銀行法によって基本的な性格を規定されている。第一には，銀行券を発行し，通貨と金融を調節することである。通貨と金融の調節とは，金融政策を意味する。金融政策とは，基本的には，通貨の調節に他ならず，通貨の調節により金利に働きかけることである。ただし，この通貨の調節によって，物価の安定と国民経済の発展を目指すことになる。

　この物価の安定と国民経済の発展は，時として矛盾することがある。国民経済の発展を，景気と考えれば，わかりやすい。景気を向上させようとして，金融緩和政策をとると，時として物価が上昇する。物価の上昇は，通常，通貨価値の低下を意味し，中央銀行が最も避けなければならない。したがって金融政策の課題である，物価の安定と国民経済の発展を両立させることは簡単ではない。

　また現在，金融政策は為替レートも視野に入れなければならない。金利の動向によって国際的に資金が移動する。わが国では為

替市場への介入は日本銀行に決定権があるのではなく，財務省が決定し，日銀に委託している。したがって日本銀行として為替レートに直接関与することはできないが，金融政策の運営で為替レートを視野に入れる必要がある。

　第二に，日本銀行法では，決済を確保し，信用秩序を維持することとしている。決済は銀行に固有な業務である。銀行や金融機関相互の決済は日銀の当座預金を介して行われるので，決済の確保は日銀の重要な任務となる。また信用秩序を維持することも日銀の責務となる。金融機関の倒産から，信用不安が高まり，預金取り付け騒ぎが起これば，金利は急上昇し，決済にも支障がでる。こうした事態を避けるため，日銀は時として特別な融資をする。

Ⅱ　中央銀行の３つの役割

　中央銀行には各国共通で３つの役割がある。発券銀行としての中央銀行，銀行の銀行，政府の銀行という３つである。

(1) 発券銀行

　中央銀行は紙幣＝中央銀行券を発券できる唯一の銀行である。現在の中央銀行券は，政府と中央銀行が強制通用させている，信用貨幣である。なお，中央銀行券は中央銀行にとって負債である。中央銀行のバランス・シートでは，負債に中央銀行券があり，資産には国債が中心になる。したがって中央銀行券の実質価値は国債によって担保されている。

　金本位制の時代には，中央銀行券は兌換紙幣であった。つまり中央銀行券の価値は金によって裏打ちされていた。しかし金本位

図表6-1 日本銀行の銀行券残高と国債保有額

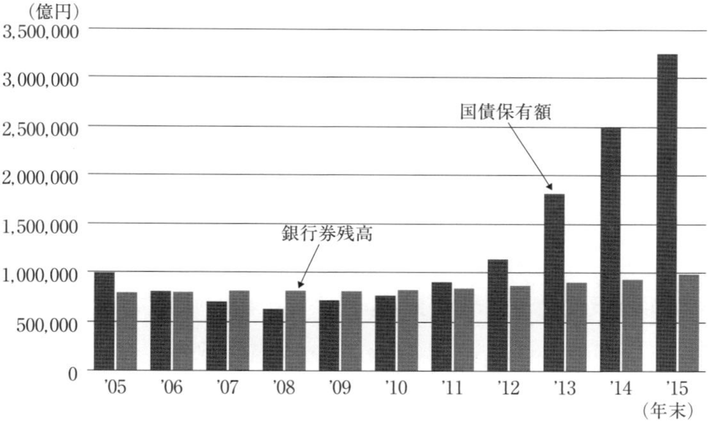

出所:『金融経済統計月報』から作成。

制から離脱し,管理通貨制度に移行した。管理通貨制度のもとでは,中央銀行券は不換紙幣となった。金の裏付けを失った中央銀行券は,中央銀行の資産内容によって担保される。その中央銀行の資産は主として国債である。この意味で,各国の国債と通貨は密接に関連している。

日本銀行の資産はまず金額が非常に大きいという特徴がある。対GDP比などで見ても,海外に比べ,高水準である。これはすでに説明したように,日本が現金社会で,日銀券の発行額が大きいこと,また量的緩和政策等によって国債買いオペが繰り返され,日銀当座預金が高水準で推移してきたためである。図表6-1が示すように,かつて国債保有額は日銀券残高よりも小さかったが,

2011年頃から逆転し，国債保有額が日銀券残高を超えている。かつて日本銀行は，「日銀券ルール」を決め，国債保有額に歯止めを設定していた。これは，日本銀行が国債を保有するのは，金融政策目的のためで，財政ファイナンスのためではない，という考えからであった。しかし，日銀券ルールは2011年頃から形骸化し，2013年に黒田総裁が就任してからは，棚上げされている。

(2) 銀行の銀行

日本銀行など各国中央銀行は銀行にとっての銀行である。これは日銀が民間の銀行から預金を受け入れる（準備預金・当座預金），日銀が民間銀行に貸し出しする（日銀貸出），あるいはオペ（公開市場操作）で資金供給する，民間銀行相互の決済が日銀経由で行われる，といったことである。

民間の銀行は準備預金制度が適用される。民間銀行は預金に対し一定比率を日銀の準備預金に積まなければならない。日銀準備預金は日銀当座預金の一部（そのほとんどだが）である。日銀が公開市場操作によって，国債買いオペを実施した場合，その購入額は国債を売却した金融機関の当座（準備）預金に振り込まれる。国債オペ等の影響で，日銀当座（準備）預金の残高は非常に高くなっている（図表6-4参照）。

(3) 政府の銀行

日本銀行は政府の銀行でもある。これは第一に，納税による資金が民間銀行経由で，日銀の政府当座預金に振り込まれることがある。逆に，公共事業など政府からの支出については，日銀の政

府当座預金から民間銀行の口座に振り込まれる。政府資金の出納は，日本銀行の政府当座預金による。第二に，国債の事務については日本銀行が担当している。国債が発行されて，投資家が購入した場合，購入資金については，日本銀行経由で政府当座預金に集められる。したがって付随する事務も日銀が担当している。第三に，外国為替市場への介入である。為替レートが「行き過ぎ」る場合，財務省の判断によって，日銀は委託されて，為替市場で介入（売買操作）する。通常は，過度の円高を抑止するために，「ドル買い・円売り」介入である。円売りのためには，円資金が必要である。この資金は財務省が政府短期証券（外国為替資金証券）を外国為替資金特別会計で発行して調達し，日本銀行に委託する。円売りが実施されれば，金融市場で円資金が増加するので，一時的にせよ金融緩和効果を持つ。第四に，日銀の最終利益は，日銀納付金として，国庫（一般会計）に繰り入れられる。これを通貨発行益と呼ぶこともある。

　以上のように，日本銀行は政府の事務代行や委託により，政府の代理人という性格を有している。また，近年では国債買い切りオペが膨張し，日本銀行が財政オペをしていると見られている。しかし，中央銀行が政府の銀行という性格を強めることには，問題がある。金融政策が政治に従属すると，本来の金融政策の役割が弱まるからである。極端な場合が，戦争である。戦時においては，軍事費調達のために国債が大量発行され，中央銀行の引受が強制され，インフレが発生した。しかし中央銀行と金融政策の課題は，物価の安定である。したがって政治（政府）の要請で，中央銀行の政策が影響されることは好ましくない。

さらに，中央銀行の政府からの独立性がゼロで，政府が金融政策を全面的に担うとどうなるか。これは，江戸幕府を考えるとわかりやすい。江戸時代には，そもそも中央銀行が存在せず，幕府（政府）が通貨（小判等）の発行権を全面的に掌握していた。このもとで，金貨や銀貨の量目（純度）は時代とともに大幅に引き下げられ，通貨の価値は低下し，物価上昇の一因となった。政府（幕府）が金融政策を財政目的に従属させると大きな問題を引き起こすことは，江戸時代からも明らかである。

Ⅲ　中央銀行の金融政策手段

中央銀行の金融政策には，大きく基準貸付利率（かつては公定歩合）政策，公開市場操作，預金準備率操作という3つがある。1970年代までは公定歩合政策の役割が大きかったのだが，現在は小さくなっている。代わって公開市場操作の役割が重要になっている。預金準備率操作については，準備率の変更が10～20年に1回くらいの頻度であり，通常は同じ水準のままである。

かつて1970年代までは公定歩合を中心として，規制金利の時代であった。公定歩合は日本銀行など中央銀行が民間銀行に貸し出す金利だが，一般の銀行預金金利や貸出金利も公定歩合に連動するように規制されていた。したがって日本銀行が公定歩合を引き上げれば，同じく預金金利や貸出金利も連動して上昇した。逆の場合は低下した。公定歩合を基軸とする金利体系が形成されていた。1970年代までは，金融市場も整備されておらず，市場性金利の活用も制約され，公定歩合という政策金利の操作が有効であった。

しかし，1980年代以降，公定歩合を軸とする規制金利を継続することが難しくなった。それは2つの「コクサイ」化の影響であった。第一に，1970年代にオイルショックが発生し，先進国の財政は税収減から赤字となった。本格的な国債発行が開始された。当初は，規制金利であったから，国債の金利（利回り）も規制されていた。しかし，国債が大量に発行されれば，過剰な供給となり，国債の価格が低下するようになった。それは国債の利回りが上昇することを意味する。国債市場で国債利回りが上昇し，国債発行を続ける以上，規制金利を維持することができなくなった。

第二に，1980年代以降，資本移動の自由化が進み，国際的な資金移動が活発になった。かつては為替も規制され，国際的な資金移動には上限があった。しかし，為替の自由化も進み，国際的な資金移動が増加した。このため，海外，特にアメリカから自由金利商品が日本に入ってきた。アメリカなど海外ではすでに金融や金利の自由化が進んでいた。海外から自由金利商品が入ってくると，金利が高いため，国内の規制金利商品（預金など）には資金が集まらなくなる。こうして国際的な金利自由化の波が日本にも入ってきた。この結果，日本国内でも規制金利を廃止し，自由化せざるをえなくなった。

以上の2つの「コクサイ」化から，公定歩合を軸とした規制金利は幕を閉じ，金融と金利に自由化が始まった。公定歩合と預金・貸出金利の連動は終わった。市場金利と連動しない公定歩合政策は役割が小さくなった。代わって市場金利に影響するように，国債等を売買する公開市場操作の役割が重要になった。

(1) 基準貸付利率（公定歩合）

　基準貸付利率（かつての公定歩合から名称変更）は日本銀行が民間銀行に貸し出す金利である。しかし金融自由化により公定歩合による貸出は実質的に廃止された。また，かつてはコール市場の金利よりも，公定歩合のほうが低かったために，市場よりも銀行は低い金利で借り入れることができた。このことが銀行の特権との批判もあった。こうして公定歩合は廃止され，基準貸付利率に変更された。

　2016年現在，基準貸付利率は0.3％であり，政策（目標）金利としてきた無担保コール翌日物金利がマイナス0.05％台で，大幅に乖離している。

　図表6-2は，市場金利の無担保コール翌日物金利（ON，オーバーナイト）と，基準貸付利率の推移を示している。2007年のパリバショックが発生した時点で，無担保コール翌日物金利は0.5％近くまで上昇したが，それでも基準貸付利率を超すことはなかった。金融危機対応もあり，2008年以降，基準貸付利率は0.3％，無担保コール翌日物金利は0.1％以下で推移してきた。銀行等の市場参加者は，コール市場で低金利により調達可能で，基準貸付利率で日本銀行から借りるニーズはほとんどなくなっている。

　基準貸付利率は，市場金利が急騰した際に上限となる役割が期待された。すなわち，リーマンショックのような事態が発生し，市場金利が急騰した場合，基準貸付利率があれば，市場参加者は基準貸付利率で日本銀行から借りるから，基準貸付利率よりも市場金利（無担保コール翌日物）は上昇しないと考えられた。しかし，2008年には無担保コールONは基準貸付利率よりも上昇した。

図表6-2　基準貸付利率と無担保コール金利

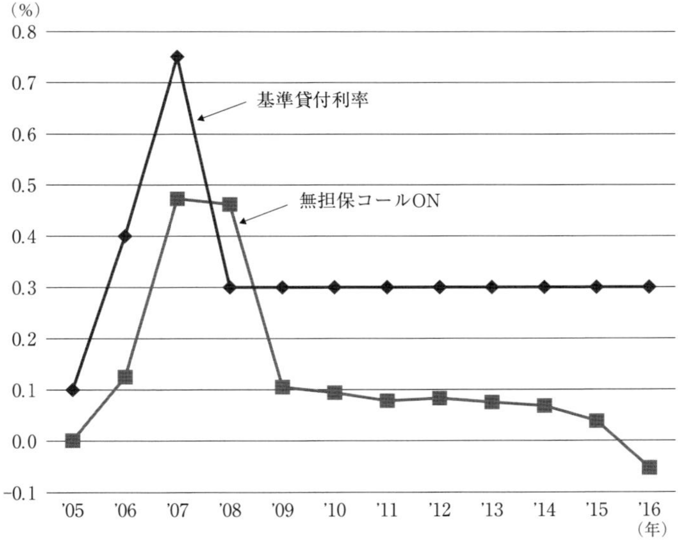

(注)　2016年を除き，年平均。
出所：『金融経済統計月報』等から作成。

　後述するマイナス金利政策と関係するが，基準貸付利率が市場金利の上限に対し，補完当座預金制度での金利が下限，と考えられた。補完当座預金制度とは，法定の準備預金を超える，超過準備預金に対し，付利（金利を払う）するもので，2008年に導入されて以来，0.1％で維持されてきた。すなわち，超過準備預金に0.1％の金利を払うことで，市場金利（無担保コール翌日物）が0.1％以下にならない，と期待された。しかし，実際には市場金利（無担保コール翌日物）は，0.1％以下に低下していた。いわゆ

るマイナス金利の導入とは，この0.1％の金利を，一部マイナス0.1％にしたことを意味する。

(2) 公開市場操作

　公開市場操作はオープン・マーケット・オペレーションのことで，オペと略称される。中央銀行が市場で国債や手形を売買することで，市場の金利や金融機関の資金量を調節する。買いオペにより，中央銀行から資金が供給されるので，金融緩和となる。売りオペにより，中央銀行に資金が吸収されるから，金融引き締めとなる。民間の金融機関の当座預金残高を調整することで，短期金融市場の資金需給を調節することになる。このため，オペによって短期金利が影響される。

① オペの種類

　公開市場操作には，買い切りオペ（Out-right operation）とレポオペ（Refinancing operation）があり，日米欧の中央銀行によってスタンスに違いがある。買い切りオペとは，中央銀行が国債等を買い取ってしまって，市場に売り戻さないオペである。通常，中央銀行は買い取った国債を満期まで保有するため，市場には無期限に近い資金供給となる。日本銀行によるオペは，量的緩和政策によって，ほとんどが買い切りオペとなっている。

　レポオペとは，現先方式（第7章で説明）によるオペであり，一定期間後に反対売買する約束で，売買するオペである。通常，レポオペにおいて，買いオペであれば，国債等を担保として，オペが実施される。したがって，中央銀行は一時的に国債を市場から買い取り，また一時的に市場に資金を供給する。一定期間後，

中央銀行は買い取った国債等を売り戻すため，金融市場から資金が吸収される。レポオペは，国債等による，一時的な金融緩和（または引締め）手段と言える。もともと，レポオペの期間（反対売買が実施されるまで）は3ヵ月程度であったが，最近では1年から3年といった長期にわたるレポオペも，ECB（欧州中央銀行）等によって増えている。

レポオペにおいて，国債等が適格担保として認められるか，否かは，国債等の発行体にとって死活問題となる。ユーロ危機において，ギリシャ国債がECBの適格担保からはずされ，深刻な問題となった。ギリシャ等の銀行がギリシャ国債を保有していても，ギリシャ中央銀行経由でECBから資金供給を受けることができない。このため，ギリシャ国債は売られ，ギリシャ国債の利回りは上昇するから，財政の国債負担は増加した。

② **日本銀行のオペをめぐる経緯と根拠**

日本では，1999年2月にゼロ金利政策がとられ，無担保翌日物コール金利を実質的にゼロとするように，オペを実施することとなった。これは銀行など金融機関が実質コストゼロで資金を調達できることを意味する。不況対策という意味だけではなく，不良債権処理に苦しむ銀行救済という側面もあったと言われた。この延長で，2001年3月から量的緩和政策がとられた。これは日本銀行当座預金残高という量的な指標を金融政策の課題とすることであった。当初は当座預金残高を5兆円，国債買い切り額を月あたり4,000億円という目標が掲げられた。しかし2005年1月には，当座預金残高が30〜35兆円，国債買い切り額は1兆2,000億円まで引き上げられた。

量的緩和政策の理論的な背景としては以下のようなものだった。第一に，民間銀行は日銀当座預金に資金をおいても，金利がつかない（当時）ので，当座預金から引き出す。そして，金利をつけて，貸出で運用する。これにより銀行の貸出が増加する，とされた。銀行にとって資産構成の変化になるので，これをポートフォリオ・リバランス効果と呼ぶ。銀行の貸出増加があれば，企業の資金調達となり，景気回復が期待された。

　第二に，短期金利を長期間にわたり低めに誘導することで，長期金利にも影響を与える効果が期待された。長期金利は短期の金利見通しの結果とも言える。したがって短期金利を長期間にわたり低めに誘導することで，長期金利も低めに誘導できることが期待された。これにより企業等の金利負担が長期にわたり抑制される効果が見込まれた。これを時間軸効果と呼ぶ。

　第三に，信用秩序を維持することが期待された。つまり日本銀行が流動性を潤沢に供給することで，国民の信用不安を払拭する効果が期待された。日本銀行当座預金に残高が豊富にあれば，信用が不足することにはならず，金融機関の倒産も増加しないだろう，とされた。

　2006年に量的緩和政策は一旦解除され，無担保コール翌日物を政策金利とする金融政策に回帰した（ただし金利水準は0〜0.5%であり，実質的ゼロ金利政策と言える）。また，一定規模の国債買い切りオペが継続された。

　2012年年末に第二次安倍政権が成立し，黒田日本銀行総裁となり，量的・質的金融緩和政策となった。2013年4月からはマネタリーベースが年間60〜70兆円となるよう目標が設定された。これ

図表6-3　日銀による買い切りオペ

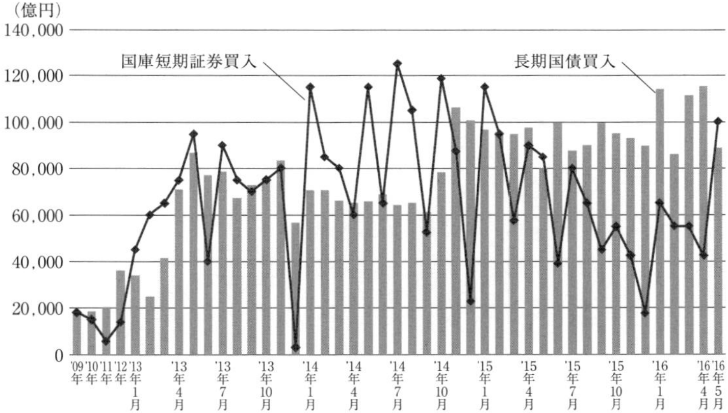

(注)　2009〜2012年は月換算。
出所：『金融経済統計月報』から作成。

により日本銀行の買い切りオペ額は急増してきた。図表6-3は，日本銀行による，買い切りオペの金額を示す。2009年から2011年にかけて，日本銀行によるオペ額は月換算で，2兆円程度であった。日銀券ルールも意識されていた。しかし，2013年以降，アベノミクスの開始と黒田総裁の就任によって，オペ額が急増したことがわかる。

③ **マネー・サプライ論争**

1999年以降の日本銀行による金融緩和政策をめぐっては，マネー・サプライ（当時の表記による）に関する論争もあった。一方では，リフレ派と呼ばれる立場から，民間銀行はベースマネーの数倍の貸出ができるので，日銀がベースマネーを増加させれば，

マネー・サプライは増加する，と主張された（古典派経済学における通貨学派に近い）。しかし，反リフレ派としては，ベースマネーを増やしても，少なくとも短期的には，マネー・サプライ増加にはつながらない，と主張した。マネー・サプライ動向を規定するのは，民間銀行の貸出なので，日銀としては受身であり，コントロールできない，と主張した（古典派経済学における銀行学派に近い）。

2000年の時点で民間銀行は依然として，不良債権処理に苦しんでいた。したがって貸出によって不良債権増加につながるリスクを，民間銀行は極力避けようとした。現実には，民間銀行は量的緩和政策にかかわらず，貸出を増加させず，このためマネー・サプライも増加しなかった。民間銀行はリスクフリー（リスクがない）の国債投資を増加させた。

こうして2000年以降の事態を見ると，量的緩和政策の効果は疑問視される。効果としては，信用秩序を維持したこと，国債発行の財政利払いを抑制したことである。

(3) 預金準備率操作

預金準備率は，民間銀行が日銀の準備預金に自行預金の一定比率を積む（預金する）比率である。民間銀行は，自己の預金残高に預金準備率を乗じた金額を最低限（法定部分），日本銀行の準備預金に積む義務がある。準備率引上げは金融引き締め，引下げは金融緩和になる。

具体的には月の平均残高に準備率を乗じた金額を，翌月の15日までに日銀準備預金に積む必要がある。準備預金を後から積むこ

とになるから,「後積み方式」といわれている。かつては,準備預金所要額が不足するために,銀行はコール市場で資金を調達し,所要額をクリアーしていた。しかし,量的緩和政策による影響で,日本銀行にある,民間銀行当座(準備)預金残高が高水準となり,準備預金残高が不足するようなことは,発生しなくなった。ただ預金準備率が操作されることはめったにない。大手銀行に課される準備率は1991年10月に1.2%(定期預金)とされてから,2016年まで操作されたことはない。準備率操作は金融政策で最も頻度が低いものである。

ただし,将来的に,日本銀行が金融緩和を終焉させる場合,預金準備率を引き上げる可能性はゼロではない。日本銀行が金融引締めに転じる時(出口戦略と呼ばれる),日本銀行が保有する国債の売りオペ,補完当座預金金利の引上げと並び,預金準備率引上げがひとつの選択肢と言われる。しかし,預金準備率引上げは,民間銀行の資金を日本銀行に移転させるので,課税と同じ効果を持つとされる。したがって,預金準備率が引き上げられる可能性,現実性はあまり高くないと見られる。

Ⅳ 量的緩和(QE)政策とマイナス金利政策

すでに説明したように,日本では2001年から量的緩和政策がとられ,当座預金残高が政策の目標とされてきた。その後,イギリスのイングランド銀行や,アメリカの連邦準備制度も量的緩和政策(Quantitative Easing:QE)をとった。伝統的に中央銀行の金融政策は短期金利を政策目標としてきたが,2000年代以降,主要国で短期金利をゼロに近い水準まで誘導しても,実体経済が回復

しないことが多かった。リーマンショックのつめ跡が深かったことも影響している。このため、日本をはじめとして、日米英で量的緩和政策がとられた。うちアメリカは2014年秋に QE 終了となったが、日本では2013年から量的・質的金融緩和となった。

一方、ユーロ圏の中央銀行である ECB（欧州中央銀行）は2014年6月から、マイナス金利政策を採用した。日本と同様に、物価の低下傾向から免れない。しかしドイツが国債買入れに批判的であること等から、ECB は当座預金の一部である預金ファシリティー金利をマイナスとした。これを参考として、日本銀行は2016年1月末に、量的緩和に加えて、マイナス金利を導入した。

図表6-4により、日本の政策を検討する。日本では、従来から補完当座預金制度によって、法定の準備預金を超える超過準備預金に、0.1％の金利が支払われてきた。日本では準備預金のほとんどは超過準備であり、2015年以降200兆円を超している。この部分に、日本銀行は2008年以降、金利を付けてきた。2016年1月末に開始されたマイナス金利とは、民間銀行が新規に超過準備に預金する場合、新規預金（の一部）についてのみ、マイナス金利を課す、というものである。もともと補完当座預金制度の付利は、市場金利である無担保コール翌日物金利の下限という役割を期待されたが、下限という機能を果たしていなかった。マイナス金利を課すことで、日本銀行としては、民間銀行が準備預金に積むことを減らし、貸出に資金を回す等を期待したと見られる。

ECB と日本銀行がマイナス金利政策に踏み込んだ背景のひとつが、双方における物価の下落傾向である。図表6-5は日本における CPI（消費者物価指数）上昇率を示している。日本の物価は

図表6-4 準備預金と金利

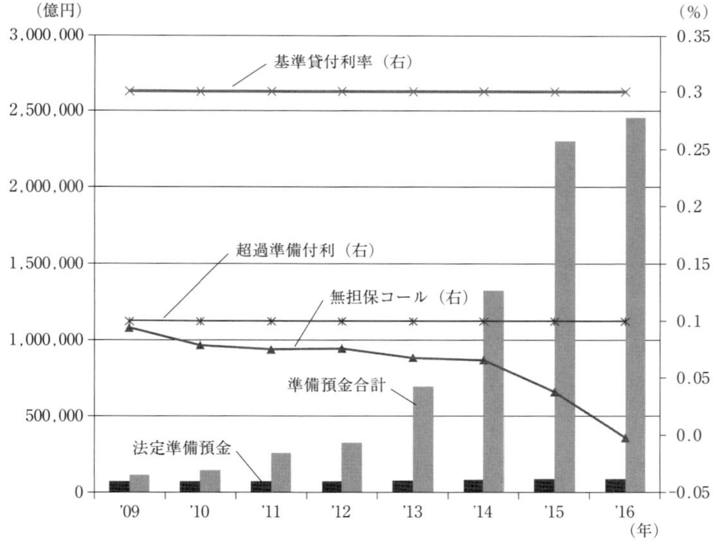

(注) 2016年のみ，3月現在。超過準備付利は2016年1月より−0.1〜0.1％。
出所：『金融経済統計月報』から作成。

2014年に上昇したが，2015年以降，エネルギーを除く指数では上昇し，エネルギーを含む指数では下落していることを示す。2014年には原油価格が上昇し，しかも円安であったから，消費税引き上げも加わり，物価は上昇した。しかし，2015年に原油価格が下落してから，物価は低下した。主要国の中央銀行は，2％前後の物価上昇を目標としており，マイナスの物価上昇率は問題視され，金融緩和が強化される。

図表 6-5　消費者物価指数（CPI）上昇率の推移

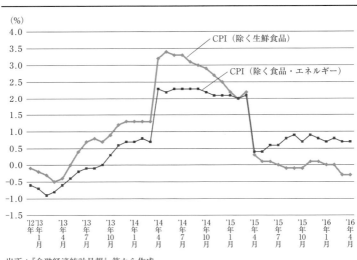

出所：『金融経済統計月報』等から作成。

V　日本銀行の財務構造と将来

　日本銀行は1999年にゼロ金利政策をとり，量的緩和の中断を挟むにせよ，20年近くにわたり，金融緩和をすすめてきた。この結果，日本銀行自身の財務構造に大きな影響を与えている。

　図表6-6は，日本銀行の主要な財務関連指標を見たものである。まず長期国債の保有額は2015年度に300兆円を超え，国庫短期証券と合計で349兆円に達している。図表6-1が示したように，これは日銀券残高も超えている。2014年度には1兆7,000億円以上の経常利益をあげたが，その大きな要因は国債保有に伴う，国

図表6-6　日銀の利益指標

(億円)

	2005	2006	2007	2008	2009	2010	2011	2012	2013	2014	2015
国債保有額	932,731	764,457	673,907	642,655	730,661	772,992	872,471	1,253,556	1,983,370	2,697,921	3,491,955
経常利益	7,278	10,524	6,873	4,390	3,665	542	5,360	11,316	12,805	17,137	7,626
特別損益	-1,656	-997	-6	-1	6	15	92	-2950	-2,988	-3622	-2,454
税引き後当期剰余金	3,338	7,805	6,407	3,002	3,671	521	5,290	5,750	7,242	10,090	4,110
日銀納付金	3,171	7,415	6,087	2,552	3,488	443	5,026	5,472	5,793	7,567	3,905

(注)　国債保有額は年度ベースで，末残。
出所：日本銀行決算資料から作成。

からの金利収入である。300兆円の国債を保有することで，平均金利1％とした場合，金利収入は3兆円に達する。しかし，日本銀行の金利収入は，2014年度においても1兆円程度にとどまる。その要因は第一に，日本銀行が支払う金利があるためである。すでに説明した，補完当座預金制度では超過準備預金に0.1％の金利が支払われる。超過準備預金は200兆円を超しており，これだけでも2,000億円の金利支払いとなる。第二に，日銀はオペで高価格により国債を買い入れている（日銀トレードと呼ばれる）が，満期保有するため，満期に額面で償還される。すなわち，オペにおいて105円で買った国債は，100円で償還されており，5円の損失が発生している。この損失は，国債保有による金利収入から控除されている。こうして，日本銀行の利子収入は1兆円程度にとどまっている。

日本銀行は経常利益から，引当金等を差し引き，当期剰余金となる。当期剰余金は通貨発行益（シニョリッジ）とも言えるが，当期剰余金から国庫納付金が支払われている。日本銀行の国庫繰

入金は税収とならび，国の財政を支えている。問題は，将来，日本銀行が金融緩和から金融引締めに転じた場合，金利も上昇するため，支払金利が増加し，経常利益を確保できるか，である。日本銀行の国庫納付金が減少することは，財政収入が減少し，財政赤字を拡大することになる。

第7章　短期金融市場と証券市場

　広義で金融市場とは、短期金融市場と長期資本市場から成る。うち、長期資本市場は通常、証券市場と呼ばれる。金融市場とは、基本的には市場型取引の金融取引を意味する。市場型とは、不特定多数の市場参加者が、市場経由で取引することを指す。市場型取引では相手が誰であるか、わからないことが通常である。株式が取引所経由で売買される場合がこのタイプである。しかし、相手が誰であるか、わかっている取引もある。不動産取引では取引所がないから、売り手と買い手が1対1で交渉して、売買条件を決定する。こうした1対1の取引を相対売買（あいたい）と呼ぶ。広義では、金融市場は市場型取引だけではなく、相対型売買を含む。しかし、以下で取り扱う金融市場は、市場型取引による金融市場が中心である。

　金融市場は大きく、期間によって、短期金融市場と長期資本市場に分類される。短期金融市場とは、期間が1年未満の資金が売買される市場を指す。長期資本市場は、期間が1年以上の資金が貸借（または売買）される市場を指す。したがって、実質的に証券市場を指す。債券は通常、満期が数年とか10年に及ぶ。また株式は出資として永久資本だから、満期がない。証券市場（長期資本市場）は長期にわたる資金が調達・運用される市場である。

I　短期金融市場

　短期金融市場は、1年未満の資金が貸借される市場である。短

図表 7-1　短期金融市場規模（資金調達）

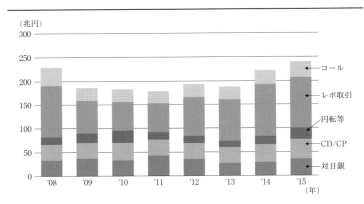

出所：日本銀行『短期金融市場サーベイ』から作成。

期金融市場の構成を図表 7-1 で資金調達面から見てみる。2015年において，対日銀が35兆円，CD/CP が42兆円，円転等が23兆円，レポ取引が107兆円，コール市場が33兆円という構成になっている。以下で説明するが，対日銀とは，日本銀行のオペ等で資金を調達することを指す。CDとは銀行が発行する譲渡性預金証書（Certificate of Deposit）であり，銀行が証券形態で資金を調達する。CPは，第3章で説明したように，短期の社債である。円転とは，為替スワップ市場（円と外貨との交換）で，余剰円資金を運用するために，海外勢に円を貸すことである。レポ取引とは，債券等を担保に貸借，または売買形式で資金を貸すことである。図表 7-1 が示すように，コール市場とは，銀行等の金融機関が短期で資金を貸借する市場で，ここでの金利が無担保コール翌日物金利として，日本銀行の目標金利となってきた。このように，

短期金融市場は，金融機関などプロの市場であり，一般の家計等にはなじみがない。

(1) コール市場

コール市場は，主として銀行が日銀での当座預金を積むために利用してきた。銀行には預金準備率が適用される。これは各銀行の預金の一定比率（これが準備率）を支払い準備として，中央銀行＝日本銀行の準備預金（当座預金のほとんどは準備預金）に積まなくてはならない，というものである。日本の準備預金制度では，前月の預金平均に準備率を乗じた金額を翌月に積む必要がある。したがって，銀行は準備預金の必要額に不足しそうな場合，他の銀行や資金余剰となっている他の金融機関から，資金を借りる。この機能がコール市場である。

日本では1927年からコール市場で有担保原則がとられてきた。しかし今日では無担保コール市場が成長した。1999年から日銀がゼロ金利政策をとった際にも，「無担保コール翌日物」の金利が実質ゼロになるよう政策目標とされた。

歴史的には，日本では都市銀行がコール市場の借り手であった。これは都市銀行が貸出先に都市部の大企業をかかえ，高度成長期に大企業の資金需要が旺盛であり，資金需要に応えたためである。都市銀行は貸出のため，資金不足であった。他方，地方銀行は預金が流入するほど，貸出は伸びなかった。地方の富裕層などから預金がある一方，企業の資金需要が大きくはなかった。このため，地方銀行はコール市場で貸し手となってきた。地方銀行→コール市場→都市銀行という資金フローが形成された。

しかし1999年ごろから，日本銀行によってゼロ金利政策や量的緩和政策がとられ，コール市場の役割は著しく低下した。日本銀行が民間銀行の当座預金残高を量的に高めに維持することを政策目標としたため，民間銀行の当座預金（その中心は準備預金）残高は高めに推移し，預金準備率から求められる水準を大きく超えてきた。銀行はコール市場で資金を調達する必要性が乏しくなった。

　しかし，コール市場には新しい借り手が増えてきた。ひとつは証券会社である。株式市場で個人のインターネット投資家が増加しているためである。個人のネット投資家は信用取引を活用する。証券会社から資金を借りて株式を売買する。したがって証券会社が信用取引向けの貸付資金に不足する場合，コール市場で証券会社は資金を調達する。なお，証券会社は準備預金制度の対象外であるが，コール市場には参加できる。

　また，外資系銀行もコール市場に参加できる。外資系日本法人が国内コール市場において低金利で資金調達し，本支店勘定等で欧米本社に貸し出し，欧米本社が高利回りの海外国債等で運用する，「円キャリー取引」も活発化してきた。これに伴う資金移動は為替相場にも大きな影響を与えると見られ，リーマンショックのような事態が発生すると，海外から円資金が還流するため，大幅な円高が生まれやすい。リーマンショック後の2010〜2011年に，急速な円高が進行したが，円キャリー取引の解消という側面が強い。

(2) レポ取引

　日本のレポ取引は，売買形式の債券現先取引と，貸借形式の現金担保付き債券貸借取引に区分できる。売買形式では，いったん売り切る，または買い切ることになる。海外でレポ取引というと，通常は売買形式を指す。しかし，かつて日本では，有価証券取引税が証券取引に課税されたため，売買形式はコスト高となった。このため，貸借形式が日本独自に発達した。

　また別の基準により，GCレポとSCレポに区分することもできる。GCとは，General Collateralの略称で，一般の担保ということであり，担保の債券は銘柄を問わない。これに対し，SCとは，Special Collateralの略称で，特定の担保ということであり，特定の銘柄が担保として必要になる。

① 債券現先市場（売買形式）

　債券現先とは，将来の一定期間後に，反対売買をすることを前提に，現在の売買をすることを指す。先物の売買とセットで現在の売買をするので，「現先」となる。債券を保有している人がいるとして，債券保有者は現金が必要で，1ヵ月間資金を借りたいとする。そこで，債券所有者は債券を1ヵ月後に買い戻すという条件で，現在債券を売却する。一時的に債券を売却することで，現金を入手できる。そして1ヵ月後に資金が不要になったら，債券を買い戻す（金利分が上乗せ）。こうして債券保有者の1ヵ月間での資金需要は満たされる。逆に売買相手の証券会社は，1ヵ月間だけ，資金が余剰で運用したい，とする。そこで証券会社は，債券保有者からまず債券を買って運用し，1ヵ月経過した時点で債券を売却して資金を取り戻した（＋金利分）。証券会社は債券

運用を1ヵ月間したことで，一定の運用益を手にする。

　債券現先はこうした流れだが，これは債券を担保にして，資金を貸借していることと，実質同じである。債券保有者は債券を担保に資金を1ヵ月借り入れ，証券会社は債券を担保にとって資金を1ヵ月貸し出した。

　しかし貸出は銀行だけに認可された業務だったから，証券会社が貸出することには，当初銀行業界から反対意見があった。そこで銀行に証券業務を認可することとセットで，証券会社の債券現先業務が認可された。こうして事業会社なども含んで，債券現先市場で債券が売買されている。

　このように，債券現先市場は売買形式であり，その目的は一時的な資金調達と資金運用にあると考えられる。債券現先市場の残高規模は30兆円程度であり，次に見る現金担保付き債券貸借市場に比べて，規模は小さい。

② 現金担保付き債券貸借市場

　短期金融市場において，レポ取引が中心となっているが，レポ取引でも現金担保付き債券貸借取引が多い。この取引では，現金を担保として，債券を貸借する。資金は余裕があるが，債券の現物を必要とする人がいたとする。そこで一時的に資金を貸し付け（現金を担保とする），債券の現物を借りることになる。この場合，資金を貸し付ける人には金利が発生するが，債券の現物を借りるので，品貸料（手数料）を払う必要がある。したがって，受け取る金利と，支払う品貸料の差し引きが発生する。

　他方，資金が不足しているが，債券の現物を保有している人がいたとする。そこで一時的に資金を借り（現金を担保として受け

図表7-2 債券貸借取引残高

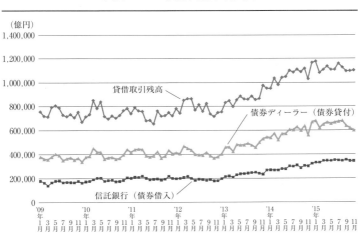

出所：日本証券業協会ホームページから作成。

入れ），債券の現物を貸すことになる。資金を借りるので，金利を払うが，債券の現物を貸すので，品貸料を受け取る。こちらも，支払う金利と，受け取る品貸料の差し引きが発生する。

債券の現物を借りるニーズは，なぜ発生するのか。これは国債流通市場で，ショートポジション（売りから入る）をとった場合，売るために，現物国債が必要となるからである。場合によっては，特定の銘柄の国債が必要となる。SC（特定担保）レポの需要はこのために発生する。債券市場で，価格低下を予想する場合，売りから入るが（価格が低下したら，買い戻す），こうした取引は，現金担保付き債券貸借取引を利用する。

図表7-2は，債券貸借取引の残高合計，主要な投資家として，

信託銀行（債券借入）残高，債券ディーラー（債券貸付）残高を示す。債券ディーラーとは，証券会社や銀行における自己勘定部門である。貸借取引残高合計は120兆円前後（2015年末）に達しており，その規模は現先取引の3〜4倍になっている。

　金融市場では決済リスクが問題となる。決済リスクとは，金融取引後に決済されないリスクを指す。この場合，取引から決済までの日数が問題となる。決済までの日数が長ければ，市場に混乱が発生した場合，決済できないリスクが高まる。かつて日本のレポ取引は，T＋3（3日後決済）であったが，T＋2になった。しかし，国際的潮流はT＋1であり，今後T＋1に対応する必要から，現金担保付き債券貸借取引が減少する可能性がある。

(3) CDとCP
① CD

　CDは譲渡性預金証書のことである。銀行は預金で資金を調達するだけではなく，CD（譲渡性預金証書）を発行して資金を調達できる。CDは3ヵ月物など短期が中心である。通常の預金に譲渡性（売買可能）はないが，CDは売買可能で証書形式をとる。

　CDは大手銀行が発行するなど，信頼性が高いものとされている。またCDのもうひとつの特徴は，自由金利商品ということである。つまり，銀行が大口顧客むけに自由に金利を設定できる商品である。したがって，銀行が大手事業法人など優良顧客に対して，高い金利を設定してCDを販売することができる。大手事業法人，投資信託等は有利な運用商品としてCDを歓迎する。CDを保有する事業法人は現金が必要になれば，CDを投資信託など

② CP

すでに第3章で説明したが、CPはもともと欧米で発達した企業の短期債券である。実質的には、短期の無担保社債である。信用度の高い大企業が、無担保で短期の資金を機動的（手続きが簡単）に調達できる。

総合商社などは資金需要が旺盛である。これは、商社は流通業者として、商品の在庫を抱える必要があり、運転資金が不可欠だからである。商社は金融機関からクレジット・ライン（クレジット・カードの使用限度額に近い）を与えられ、その範囲内で活発にCPを発行できる。逆に金融機関等からは、CPは資金運用の手段となっている。

(4) 円 転

円転とは、為替スワップ市場（第10章で説明）において、現時点で（非居住者が）ドルを売って、円を購入するが、将来時点で反対売買（ドル買戻し、円売戻し）することをいう。非居住者（海外投資家等）がドルを保有するが、円に転換して国内証券に投資する場合、円を調達する必要がある。この時、現時点でドル売り、円買いし（国内証券買い）、将来的にドル買戻し、円売り（国内証券売り）となる。

(5) 日銀オペ

日本銀行によるオペレーションであり、第6章で説明した。ここでは短期国債等の日銀オペを指す。

(6) 国庫短期証券

資金運用面から短期金融市場残高を見ると、資金調達面との違いは、国庫短期証券と円投の2点である。以下、これら2点に関し説明する。

国庫短期証券は短期の割引国債で、財務省証券、外国為替資金証券などをまとめて呼ぶ名称である。割引国庫短期債券（TB、満期1年）と政府短期証券（FB、満期2ヵ月〜1年）という区別はあるが、国庫短期証券として統合されて発行されている。割引債であるから、クーポン（表面利率）はない。ただし、TBは短期国債として普通国債に含まれるが、FBは政府短期証券として普通国債には含まれない。

FB（Financing Bill）はもともと大蔵省証券、外国為替資金証券、食糧証券から構成されていた。しかし改革によって、政府短期証券として統合された。FBは一般会計（財務省証券）、特別会計（外国為替特別会計、食糧管理特別会計）によって発行される。FB残高のほとんどは、外国為替資金証券である。したがって、為替介入があると残高が増加する。しかし、最近では為替介入がなくとも外国為替資金証券が増加している。

(7) 円　　投

円投とは、為替スワップ市場において、現時点で（居住者が）円売り、ドル買いをするが、将来時点で反対売買（円買い、ドル売り）することをさす。居住者（邦銀、国内生保、信託銀行等）が円を保有するが、海外証券等に投資する場合、ドル等を調達する必要がある。そこで現時点で円売り、ドル買いし（海外証券投資）、

将来時点で円買戻し，ドル売り（海外証券売却）となる。

II 証券市場

証券市場は，その商品性によって債券（公社債）市場と株式市場に，またその機能性によって証券発行市場と証券流通市場に区分できる。

(1) 公社債市場と株式市場
① 公 社 債

公社債は公共部門が発行する公債と，民間企業が発行する社債から成る。公債には，国が発行する国債，地方自治体が発行する地方債，財政投融資の資金を調達する財投債（国債に含む），国が元利償還を保証する政府保証債などがある（詳しくは8章で説明）。

社債には民間企業が発行する社債（事業債ともいう），旧長期信用銀行が発行してきた金融債などがある。また財投機関が政府保証なしに発行する財投機関債などは，公債と社債の中間に位置する，「準公債」といった性格を有している。いずれにせよ，公社債（債券）は発行主体からすれば，「負債」としての資金調達になる。債券には年限があり，満期には額面で償還される。また利付債であれば，利率によって，年1～2回利子が支払われる。債券の発行価格が額面を下回る価格で発行される場合，債券の「利回り」は利率（クーポン）を上回る。

図表7-3は，普通社債・財投機関債残高を示している。普通社債残高が2010年頃をピークとして減少している。これは，第一に企業の資金需要が低迷しているためである。大企業を中心に，

図表7-3　普通社債，財投機関債の残高

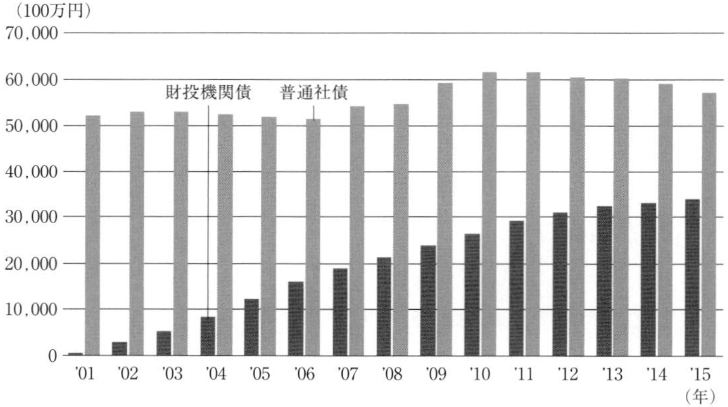

出所：日本証券業協会ホームページから作成。

内部留保は増加し，外部資金へのニーズは低下している。次に見るように，発行済み株式数も減少傾向にある。第二に，普通社債の主要な構成要因である電力債の発行が減少しているためである。2003年時点で，普通社債の3割は電力債であった。しかし，電力自由化等の要因もあり，電力債発行は減少している。次に財投機関債であるが，住宅金融支援機構債や，日本政策金融公庫債を中心に増加している。次章で説明するように，財政投融資改革のために，公的金融機関は財投機関債で資金を調達することになった。ただし普通社債残高が約60兆円，財投機関債残高が約30兆円に対し，普通国債残高は約900兆円に迫りつつあり，日本の公社債市場が国債中心であることは明らかである。

② 株式市場

　他方，企業に固有な証券が株式である。株式とは，株式会社への出資証券である。株式会社は資本金に対応して株式を発行する。株式会社は定款（会社の目的等を規定した，会社の憲法にあたる）で発行する株式数を決める。

　株式は3つの側面を持っている。第一が，利益配当請求権で，企業の最終利益の一部を株主が出資者として分け前を請求する。一般に配当と呼ばれる。株主は資本金を出資しており，企業の利益の一部を配当として請求する権利を有する。

　第二が，経営議決権と呼ばれるもので，簡単に言えば，株主は企業経営の意思決定に関与できる。「企業は株主のもの」といった考え方からすれば，株主総会こそ，企業経営の最高意思決定機関となる。社長をはじめとする取締役の人事は株主総会の承認が必要である。株式買占めはこうした経営議決権と密接に関連している。

　第三が，残余財産請求権である。株式会社は解散することもありうる。また倒産することもある。このような時，総資産から負債を差し引いた資本（株式資本）について，株主として還付を請求できるという権利である。株主は出資したわけだから，資本が残っていれば，その資本＝財産は株主に帰属する。しかし，現実的には，株式会社が解散もしくは倒産する場合，債務超過（負債が資産を超過し，実質的に資本はゼロかマイナス）である場合が多く，株主が請求することは困難である。

　株式にはいくつかの種類がある。一般的には，普通株である。普通株は，すでに説明した利益配当請求権と経営議決権が備わっ

ている。普通株の株主は配当を受け取れる，また株主総会で会社の経営計画や取締役の人事に議決することができる。

他方，優先株は，利益配当請求権が普通株に比し優先されるが，経営議決権がない。会社は常に配当するとは限らない。利益が発生しなくなると，会社は配当できず，無配となる。こうした時でも，優先株には普通株よりも優先して配当が支払われる。優先株はこうした経済的価値では高いが，経営議決権がない。このために，経営計画や取締役人事で議決できない。

銀行に対し，公的資金が投入された際に，優先株が活用された。銀行が国に対し，優先株を発行し，国が引き受けることで公的資金が注入された。優先株には議決権がないから，優先株を保有する国は銀行の経営に参加できなかった。したがって民間銀行の国有化を避けることができ，また国が銀行の取締役人事に関与することも原則できなかった。

優先株とは逆の場合が劣後株と呼ばれる。これは配当の支払いや残余財産の請求が普通株の後になる。投資家からは不利益になるから，あまり一般的ではない。

(2) 発行市場と流通市場

証券市場を発行市場と流通市場に分けることもできる。株式市場と公社債市場は商品性からする区分だが，発行市場と流通市場は機能性からする区分である。

① 発行市場

証券が新規に売り出されることを発行と呼ぶ。証券会社などが新規の証券を引き受け，投資家に売りさばく。こうした機能を果

図表7-4　発行済み株式数増減

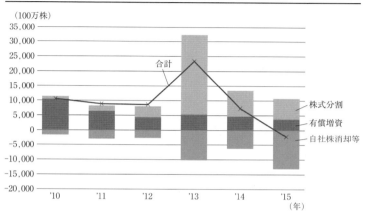

出所：JPX（東京証券取引所）ホームページから作成。

たす市場を発行市場と呼ぶ。これは概念的なもので，具体的な場所として発行市場があるわけではない。発行市場で証券が発行されることで，発行する企業や政府（発行体）は資金を調達する。

図表7-4は，最近の発行済み株式数増減状況を示す。いわば株式発行市場の結果とも言える。株式発行の本来の機能は，有償増資（株主による資金払込み）による資金調達である。しかし，最近の日本の株式発行において，有償増資は減少傾向にすらある。代わって，増加傾向にあるのは，株式分割と自社株消却である。株式分割は無償増資とも呼ばれ，企業が株式を分割する結果，株主の持ち株数は無料で増加する。2013年には約270億株もの株式分割となった。単元株（売買の最低単位となる株数）を100株とす

る方向が示され，1株を100株に分割する企業が急増したためである。

　また自社株消却も増加している。2015年には130億株もの株式が消却された。企業が自社の株式を買入れ，消却することである。自社株消却によって，ROE（株主資本利益率：当期利益÷株主資本）が上昇するため，株主から歓迎される。企業の内部留保と手元流動性（現預金等）が増加しており，その活用策という面もある。こうして現在の株式発行市場は，有償増資によるファイナンス（資金調達）という機能は弱まり，株式分割や自社株消却が増加している。

② 流通市場

　すでに発行された証券が，投資家の間などで売買される市場を流通市場と呼ぶ。投資家は債券の金利収入や，債券・株式の売買差益を狙って証券を売買する。このような既発行証券が売買される市場を流通市場と呼ぶ。

　債券の流通市場の場合，発行額が大きい国債の流通利回りが指標となる。特に10年長期国債の流通利回りが中心となる。この場合，償還期限が近づいた，残存期間1年程度の長期国債と，新規に発行されたばかりの10年長期国債では，利回りが全く異なる。長期金利の指標とすることから，現在は新規発行の10年長期国債の流通利回り（発行直後の1ヵ月ほどの流通利回り）が指標とされている。長期国債の流通利回りが低下すれば，債券価格上昇だから，相場は上昇している。逆に，長期国債の流通利回りが上昇すれば，債券価格低下だから，相場は低下している。

　もともと，日本の長期国債利回りは超低水準であったが，2016

図表7-5　新発国債流通利回り

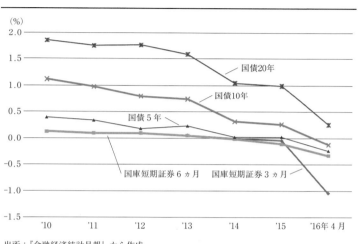

出所：『金融経済統計月報』から作成。

年1月末に日本銀行がマイナス金利を導入してから，新発10年長期国債でもマイナス金利となっている。

図表7-5は新発国債流通利回りを示しているが，2014年にすでに国庫短期証券6ヵ月物は-0.01%となっていたが，2015年には3ヵ月物も-0.041%，6ヵ月物も-0.106%となった。そして2016年1月末から，日本銀行がマイナス金利を導入すると，国債5年物が-0.24%，10年物も-0.12%となった（2016年4月現在）。日本銀行が日銀トレードと呼ばれる買いオペによって買い取っている結果であろう。

株式流通市場では株価指数が指標となる。日本の株価指数は2つの代表的な指数がある。ひとつは，日経平均株価である。これ

は代表的な日本の企業を225社選び、225社の株価合計を一定の除数（2016年4月1日現在で25.495）で割ったものである。

日経平均株価＝225社の株価合計÷除数

なぜ225で割るのではなく、25.495で割るのか。それは株式分割（無償増資とも呼ばれていた）等を調整するためである。株式会社は成長に伴い、株式を1株から2株に分割し、従来の株主に無償で交付する。株主としては、無料で株式をもらえるわけだから、投資利回りにプラスとなる。1株を持っていた投資家の持ち株数は2株になる。企業は株主に恩返しをするために株式分割をする。また一定数の株主がいないと、一部上場企業にはなれない、といった上場基準があり、株主増加策という意味もある。

株式分割の前に株価が1,000円だったとする。そして分割後にも1,000円だったとする。同じ株価1,000円でも、分割の前後で意味が異なる。分割後に株主が持つ株数は2株だから、実質2,000円になっている。こうした問題を調整するために、225銘柄の株価を225では割らず、除数25.495で割る。

こうした株価平均型の株価指数の欠点は、値がさ株（「株価がかさむ」ような高株価企業）の影響を受けやすいことである。株価100円と株価1万円の企業を同じように足して割るから、株価1万円の影響が出やすくなる。しかし日経平均は1949年を起点として計測されており、歴史的な水準を見るには適している。

図表7－6は株価指数の推移を示している。日経平均とTOPIX（以下で説明）は、ほぼパラレルな動きを示してきたと言えるが、2013年以降乖離が発生し、日経平均がより上昇している。株式市場では、日経平均株価をTOPIXで除した指標をNT倍率（図で

図表7-6 日経平均株価・TOPIX・NT倍率の推移

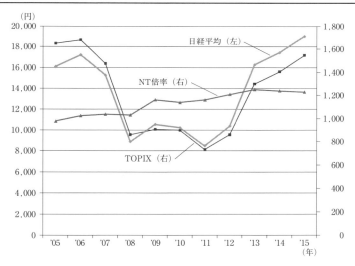

出所：日本経済新聞社，JPX（東証）ホームページから作成。

は作図のために100倍化）と呼ぶが，NT倍率は上昇する傾向にある。これは先物の影響が強まっているためと言われる。先物取引では，日経平均が使い勝手がよい，とされる。第10章で説明するが，株式市場でも先物取引は現物取引の3倍程度に達して，現物取引に影響している。

もうひとつの代表的な指標は東京証券取引所（JPX）が作成するTOPIX（東証株価指数）である。

TOPIX＝東証一部上場企業の時価総額÷基準時時価総額×100
時価総額＝個別企業時価総額（発行済み株式数×株価）の合計

という式で計算する。基準時とは1968（昭和43）年1月4日で，基準時は100となる。2016年4月現在，TOPIXは1400程度だが，基準時の14倍程度の時価総額になっていることを示す。TOPIXのような時価総額ベースの指数の場合，値がさ株の影響が強いという欠点はない。

しかし別の欠点がある。それは日本の場合，株式持合いがあるために，双方で二重計算されてしまうことである。A社がB社の株を持ち，B社がA社の株を持っているので，A社とB社の時価総額合計ほど，実際の時価総額は高くない。

また親子間での問題もある。NTTがNTTドコモの株式を保有している場合，ドコモの株式は一部分しか市場で流通していない。多くの株式は，NTTが固定的に保有し，流通していない。このために投資家がドコモの株式を買おうとすれば，ドコモの株価は上昇しやすい。時価総額が大きいうえ，固定された保有の株式比率が高いと，株価が上昇しやすくなる。

そこで持合い株や親子保有の部分（固定された保有の比率）を差し引くために，TOPIXは浮動株比率で調整している。浮動株とは，持合い株のように保有が固定しておらず，市場で浮動している株という意味である。

このように，日経平均のような株価平均型の指数と，TOPIXのような時価総額型の指数と，それぞれ長所と短所がある。

第8章 財政と金融

 本章では財政（政府部門）の金融的側面を扱う。第1章の部門間資金循環でも見たように，政府部門は最大の資金調達部門であり，その影響は極めて大きくなっている。今日，金融政策と財政政策は一体化している。政府の財政政策からもたらされる公債が，金融政策のうえで重要性を高めているだけではない。本来，財政政策の目的は，所得再分配，資源配分，経済成長（安定化）の3つとされるが，今日の金融政策はこれらの領域に関わっているからである。まずは，公債が膨張し，金融政策でも重要性を高めており，公債発行の財政的側面を概観する。

I 税収の低迷と歳出膨張

(1) 日本の財政体質

 日本の財政は高度経済成長期を通じ，拡張的であった。経済成長を見込む形で，予算が拡張して組まれ，事後的に経済成長を通じて税収が増加し，財政収支は均衡に近づいた。戦後最初に景気が本格的に悪化したのは，東京オリンピック後の1965年であったが，その時期から国債発行が開始された。それでも1980年代までは，図表8-1が示すように，税収も比較的順調に増加した。このためもあり，歳出は右肩上がりに増加し，不足する財源は国債で手当てするという財政運営が定着した。1990年代以降は，税収も減少傾向となったが，歳出増加は止まらなかった。とりわけ，1990年代には日本の貿易黒字が増加し，アメリカから内需拡大圧

図表 8-1　日本財政の主要指標

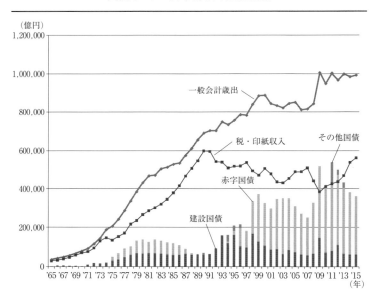

（注）　2015年度以外は決算ベース。
出所：『財政関係資料集』（参議院予算委員会調査室）から作成。

力が強まり，財政主導で公共事業を拡大させた。この結果，財政規模と公債残高が加速度的に増加した。2000年代以降，少子化の影響もあり，直接税税収が低迷したが，歳出面で社会保障費や利払い費の増加が止まらず，ますます公債依存が強まっている。

(2) 税収の構成

租税は大きく，直接税と間接税に区分される。直接税とは，法的な納税義務者と実質的な担税者が同一の税である。これに対し，

間接税は法的な納税義務者と実質的な担税者が異なる税である。典型的な間接税たる消費税は，販売者が納税するが，商品価格に上乗せされて，消費者が実質的に負担している。租税が商品価格に上乗せされることを，転嫁と呼ぶ。転嫁が，直接税と間接税の分岐点となる。

　直接税の主要な税目は，所得税，法人税，相続税などである。所得税は個人の所得への課税で，所得税税収の90％は給与への源泉課税だから，勤労者の給与動向によって所得税税収は規定される。法人税は法人所得への課税である。法人税の課税所得は法人税法によって決められているが，我が国では法人の7割前後が法人税を払っていない。

　相続税は個人が財産を相続した場合に課される。財産の主要なものは不動産が中心で，株式や債券など有価証券，預金もある。ただし，実際には課税最低限が3,000万円＋600万円×相続人数で，最近引き下げられた。しかし相続税評価上，不動産価格の評価額は路線価格が使用され，市場価格よりも低めになるので，相続税が課税されるケースは比較的資産価値が高い層である。相続税税収は地価や株価など資産価格の動向によって規定される。

　以上のように，直接税は所得税，法人税，相続税が柱だが，給与動向や企業収益，資産価格などで影響される。このために直接税は傾向として伸び悩んできた。図表8-2は，近年における主要な税収構成である。2013年度以降，税収は増加しているように見えるが，その要因は消費税である。消費税税収は2013年度に約10.8兆円であったが，2014年度に約16兆円まで増加した。消費税率の5％から8％への引上げによるところが大きい。しかし消費

図表 8-2　税収の推移

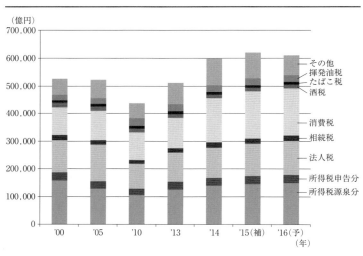

出所：参議院予算委員会調査室『財政関係資料集』から作成。

税の引上げをもってしても，税収は約61兆円（2016年度予算ベース）でしかなく，100兆円前後に定着した一般会計歳出の6割しかまかなえていない。所得税は2000年度に約18兆円であったが，2015年度には約17.5兆円へ減収した。法人税は2005年度に13兆円台であったが，2015年度には12兆円を下回った。

他方，間接税は，消費税，酒税，揮発油税を中心にしている。消費税は税率以外にも重要な問題がある。消費税を納税する義務がある小規模事業者の範囲が問題である。2002年度までは年商3,000万円以上の業者に納税義務があったが，同年度からは1,000万円以上に引き下げられた。これは小規模な商店では商品価格に

上乗せが困難という事情に配慮した措置であったが，1,000万円へ引き下げとなり，新たに200万の小規模事業者に納税義務が発生したと言われる。

　酒税については，酒の種類に応じて税率が決められている。現在，税負担率が最高の酒はビールで，350Ｌの缶ビールの場合，77.7円が税金であり，1缶218円として35.6％が税金である。財務省・国税庁とビール業界の間で税金をめぐる対立が続いている。

　揮発油（ガソリン）税は，間接税において第二の税収を上げる代表的な間接税だが，2008年度までは特定財源の代表であった。特定財源とは，その税収の全てまたは一部を特定の公的サービス費用に充当するものである。ガソリンに揮発油税が課税され，約3兆円の税収があったが，このうち4分の1は，いったん道路特別会計に繰り入れられて，道路特別会計経由で地方自治体への交付金とされてきた。残りの4分の3は，他の道路特定財源と一緒に道路特別会計に繰り入れられてきた。2009年度以降は一般財源となっている。

　揮発油税はガソリンへの課税である。自動車の利用は国民生活と密着しており，景気動向によって比較的左右されにくい。以上のように，消費税など間接税の比重が高まりつつあるが，景気が低迷し直接税を中心に税収が伸び悩んだため，財政赤字が拡大した。結果として，国債の発行が増加した。

Ⅱ　公債の増加

　公債は中央政府や地方政府，さらには政府関係機関等が発行する債務証券の総称である。広く公共的な発行体による債券とも言

える。

(1) 国　　債

　国債は発行根拠法別に区分すると，新規財源債，借換国債，財投債（正式には財政投融資特別会計国債）に区分される。この他，年金特例債，復興債がある。

　新規財源債は新規に資金を調達する国債だが，さらに四条国債と特例国債に区分される。戦後日本の財政法は第四条において，国債を発行しないとしている。しかし財政法第四条の但し書きで，公共事業費関係は国会の議決において発行できる，としている。このため，公共事業の資金調達のために発行される国債を，四条国債と呼ぶ。

　一般に四条国債を建設国債と呼ぶが，日本の四条国債は，生産性や収益性がほとんどなく，建設国債と呼ぶことは問題がある。建設国債とは本来，生産性または収益性を持つもので，社会資本等に資金を投資し，その社会資本が利用料金（道路や橋の通行料等）をあげて，収益性を持つものである。その収益で，国債の元利償還をまかない，この意味で自償性を持つ。しかし，日本の四条国債の実態はほど遠い。

　特例国債は歳入補填のための赤字国債で，財政法の趣旨に照らせば，本来発行できない。そこで毎年，特例法を制定して，特例として発行してきたことから，特例国債と呼ばれる。しかし2016年，特例公債法が成立して，2020年度の予算までは，特例国債が議決なしで発行できることになった。現在は，新規財源債のなかで，特例国債が多くを占めている（図表8-3参照）。

第8章 財政と金融　149

図表8-3　国債発行額と公債依存度

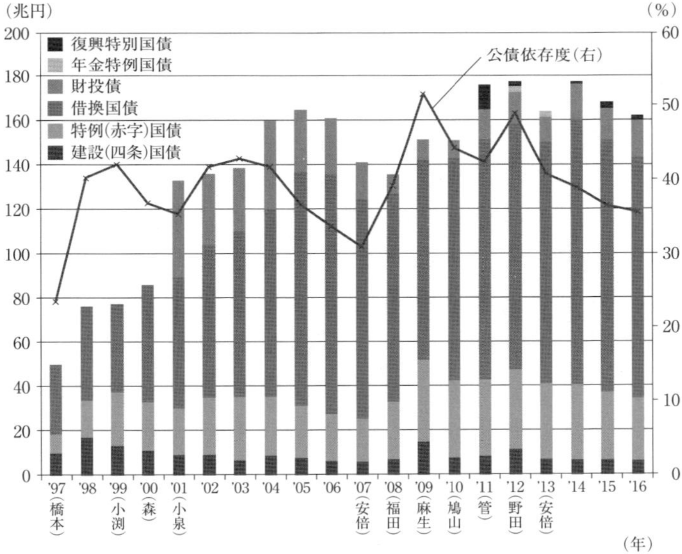

（注）　2016年度以外は決算ベース。
出所：参議院予算委員会調査室，『財政関係資料集』から作成。

　一般会計の歳出額に対する，新規財源債の比率を国債（公債）依存度と呼ぶ。図表8-3に示されるように，公債依存度は1999年度に42.1％，2003年度に42.9％，2009年度に51.5％，2012年度に48.9％と上昇してきた。公債依存度が50％という水準は，戦時財政の水準であり，今日の財政が異常な事態であることを示している。

　借換国債は，償還期限の来た国債に対し，現金償還できないた

め発行する国債で，国債整理基金特別会計によって発行される。借換国債は，いわば債務の繰延で，図表8-3が示すように，毎年の発行額は100兆円を超えるに至っている。日本の国債・借入金・政府保証債務の合計額が約1,053兆円（2014年度末）と膨張した大きな要因は，借換国債の国債整理基金特別会計での発行が安易に可能であるうえ，60年償還ルールによって，事実上現金償還を免れていることである。60年償還ルールとは，四条国債について，対応する社会資本の耐用年数が60年であるとして，国債の償還を60年かけて行うルールである。しかし，このルールは，特例国債にも拡張適用され，今日に至っている。

財投債は，財政投融資改革によって発行が開始された。かつて郵貯，年金などから資金運用部経由で財投に資金を預託してきたことを廃止し，財政投融資に財投債等によって集めた資金を組み入れることとなった。

財投債にはやや不明確な部分がある。財政投融資によって資本形成に資するという理由から，財務省はOECD統計などの政府債務に含めていない。また国の長期債務にも含まれていない。しかし，四条国債も，資本形成に資するという点は同じだが，長期債務等に含まれている。本来，財投債も国債の一部だから，政府債務に含まれる。

国債の保有構造（国庫短期証券を含む）を図表8-4が示している。最近の主要な特徴は，第一に日本銀行の保有シェアが急上昇していることである。日本銀行のシェアは2014年度末に25％を超えており，2015年度末には34％に達した。2013年度以降の買い切りオペ急増の結果である。第二に，民間銀行の保有シェアは2011

図表 8-4　国債保有構造

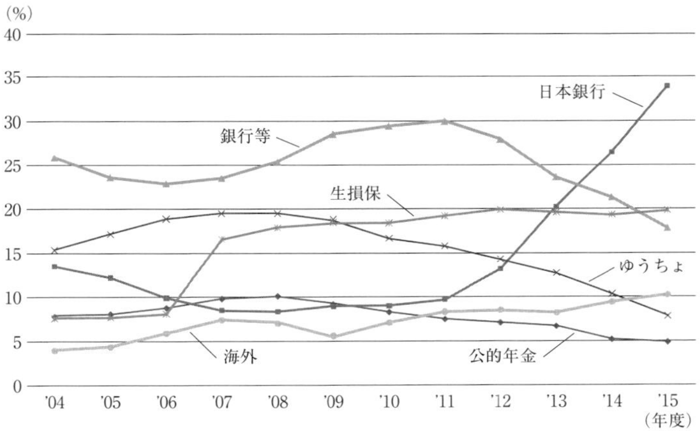

(%)
日本銀行
銀行等
生損保
ゆうちょ
海外
公的年金

出所：財務省『債務管理レポート2016』等から作成。

年度をピークに低下しており，ゆうちょ銀行も低下している。民間銀行は2011年度には30％程度の保有シェアがあったが，2012年度以降低下し，2014年度には21％まで低下している。もともと民間銀行は貸出難から国債保有が増加したが，日銀に対し売却してきた。第三に，海外投資家のシェアが漸次的に上昇している。要因として，利回り面では日本の国債は低いが相対的に安全資産であること，低クーポンで売買差益目的の短期売買には適していること，為替スワップ（第10章で説明）の関係で海外投資家の利回りは高くなること，売買規模など流動性が高いこと等が指摘できる。

(2) 政府保証債

　政府保証債は，公共性が強い法人が発行する債券について，政府が元利償還を保証するものである。発行する当該法人が元利返済に問題を発生させた場合，政府が当該法人に代わって，元利を返済することになる。債券以外に，借入金についての政府保証もある。政府保証債と政府保証の借入金を合わせて，政府保証債務と呼ぶ。政府保証債については，一般会計予算において個別の法人ごとに政府保証債の発行限度を決めて，国会の議決を経ている。

　政府保証債務の残高は2014年度末時点で約36兆円となっている。このうち，発行する機関として最大のものは，日本高速道路保有・債務返済機構で約25兆円である。このほか，地方公共団体金融機構，預金保険機構などが主要な発行体である。

(3) 地　方　債

　地方財政の収入は税収（住民税，固定資産税等），中央政府からの地方交付税交付金，補助金等からなっている。他方，地方財政の支出は人件費，一般行政経費，投資的経費（公共事業等）からなってきた。地方でも赤字が拡大したため，地方債が発行され，結果的に利払い等のために公債費が増加している。

　地方債は2005年度までは許可制であった。これは地方債を発行したい地方政府が総務省から許可を得て発行できる制度であった。しかし，許可制は中央から地方の統制につながる，地方の財政責任は自己責任，といった意見もあり，2006年度から協議制へ移行した。これは大枠として総務省が地方財政計画を作成し，地方政府の申し出により，総務省が了解するという制度である。これに

伴い，新規に起債できる地方公共団体が増加した。

地方債の発行額は1998年には約1.7兆円であったが，近年では約7兆円前後が続いている。これに伴い地方債残高も1998年には約13兆円であったが，近年では約60兆円に近づいている。発行額，残高が増加している要因のひとつは，銘柄数の増加であり，地方債を発行できる地方公共団体が増加している。地方債は，国債と異なり，1回あたりの発行額（市場ではロットと呼ぶ）が小さく，流動性の面で大口の機関投資家からは問題がある。そこで流動性の問題に対応するため，共同発行などの方法がとられている。

(4) 財投機関債

2001年度から，財政投融資の改革によって，郵貯，年金，簡保などは資金運用部経由で財投に資金を委託することをやめ，自主運用に転換した。これに伴い，財政投融資の資金調達は以下の3つに変化した。第一は財投債（財政投融資特別会計国債）である。第二は政府保証債である。公的金融機関の多くが，政府保証を背景として，債券を発行してきた。第三が財投機関債であった。財投機関債には，原則として政府保証がついていない。財投対象機関が独自に発行する債券が財投機関債となる。しかし，財投機関債には政府保証がついていないが，「暗黙の」政府保証がついていると理解されている。財投機関の公的金融機関は所管の官庁から監督されており，実質的に政府の管理下にあるからである。特殊法人という性格上，民間の金融機関とは異なっている。

すでに図表7-3で，財投機関債の残高推移を示した。2015年には残高は30兆円を超えており，市場は拡大している。2015年度

の発行予定額は約4.6兆円であったが，そのうち約2.3兆円は住宅金融支援機構の資産担保証券（第3章で説明）である。このほか，住宅金融支援機構（普通社債），日本政策投資銀行，日本政策金融公庫などが主要な発行体となっている。住宅金融支援機構の資産担保証券は，住宅ローン（貸付債権）を担保として発行される債券である。

Ⅲ 財政投融資

(1) 財政投融資の改革

　財政投融資（財投）の歴史は明治時代までさかのぼる。金融市場や金融機関が未発達であったために，資金は政府（公的金融）に集まった。政府は集まった資金を，駅逓局貯金（郵貯の前身）を通じて，国債で運用し始めた。これが財投の出発である。第二次大戦中も軍事資金として活用された。戦後，復興のために，産業界からの要請にこたえて，長期資金を供給してきた。明治以来，証券市場に代わって，国民の貯蓄を吸収し，産業の長期資金を公的金融機関が供給してきた。財投は日本での金融機能を歴史的に担ってきた。

① 改革前の財政投融資

　2000年度までの財政投融資の仕組みを以下で説明する。国民が郵便局の郵便貯金（当時）に預けた資金，ならびに厚生年金や国民年金に対し支払った資金は，大蔵省（当時）資金運用部資金に預託されてきた。1998年度の時点で，合計で運用部には48兆円もの資金が新規に預託されていた。このほか，郵便局で販売されてきた，公的な生命保険としての簡易保険も，財投協力として，7

兆円あまり預託していた。また産業投資特別会計，政府保証債による調達分を合計すると，1998年度の時点で財投には約58兆円が流れていた。

この58兆円は特別会計に8.5兆円，公庫等に21兆円，公団等に12.5兆円，地方公共団体に7.6兆円というように貸付された。こうした財投機関での運用額合計は1998年度の場合約50兆円で，資金運用部等への預託額とは8兆円近い差があった。この差額は財政投融資の計画外運用にあたる。財政投融資制度の運用は7年間を原則としており，7年に満たない短期の運用は財政投融資計画に計上されない。この部分は計画外短期運用と呼ばれ，国債の保有等に向けられた。

公的金融の基本的な問題は金利であった。郵便貯金などが資金を集めるためには，民間預金との競争に勝つために，有利な（高い）金利が必要であった。他方で，公庫等が国民や中小企業に貸し出す場合，民間銀行等よりも低い金利が望まれる。公的金融システムは，より高い金利を預金者に支払い，同時により低い金利で貸付するという矛盾を抱えていた。この差額は財政負担で補われてきたが，限界があった。この点が財政投融資改革の背景にもなった。郵貯も，より高い運用利回りを求めて，財投に預託するよりも，自主運用を要求した。

② **改革後の財政投融資**

2001年度に財政投融資が改革された。郵貯や公的年金などは原則として自主運用となった。財政投融資の資金は主として，国債に含まれる財投債，政府保証債等によってまかなわれることになった。また財政投融資の金額は2004年度の場合，20.5兆円と大

幅に縮小した。図表8-5が，財政投融資残高の推移を示すが，財政投融資改革によって，大幅に縮小してきたことがわかる。財政投融資残高（ストック）は2000年度がピークであり，約418兆円であったが，2015年度には約160兆円と半減以下になっている。また財政投融資計画額（フロー）を見ると，1996年度には40.5兆円あったが，2007年度には14.2兆円まで減少した。しかし，リーマンショックの発生で，補正予算が組まれ，2008年度から2009年度にかけて，増加した。また2011年度も，東日本震災の影響で，補正予算が組まれ，再び増加に転じた。財政投融資は政策金融で

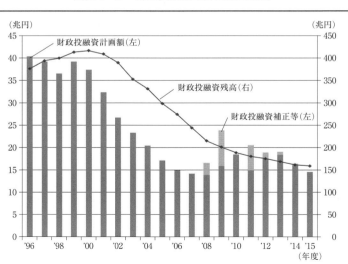

図表8-5　財政投融資の計画額と残高

出所：財務省『財政投融資リポート2015』等から作成。

あり，政策により機動的に活用されている。ただし，残高で見ると，2001年度の改革以降，一貫して減少していることがわかる。

(2) 改革前の財政投融資と公的金融

日本の金融財政構造の大きな特徴は，金融と財政の中間に位置する公的金融が大きかったことである。今日でも，その影響は大きい。そこで，以下では，改革前の資金調達面で大きな存在であった，郵貯・年金・簡保について説明する。

① 郵便貯金（現ゆうちょ銀行）

郵便貯金は大きく流動性貯金と定期性貯金からなっていた。さらに定期性貯金のほとんどは，定額貯金であった。郵便貯金の中心は定額貯金であり，2005年3月末現在，郵貯残高214兆円に対し，定額貯金は146兆円であった。

まず，定額貯金は基本的に定期預金でありながら，預け入れ後6ヵ月経てば，出し入れが自由であった。通常，民間銀行の定期預金は，金利が高めになる一方，出し入れは制限される。しかし定額貯金は半年経てば，出し入れ自由であった。また同時に，定額貯金は最長10年まで半年複利で預けられ，預け入れ時の金利が満期まで継続されるという性格を持っていた。つまり1990年に定額貯金の金利は6％台になったが，10年物で預ければ，2000年まで6％台で半年複利（半年ごとに，金利分が元本に組み込まれ，合計に対して金利がつく）で金利を受け取れた。2000年には金利は大きく低下していたので，大変に有利であった。しかも，郵便貯金には，従来は政府保証がついていたので，実質的にリスクはゼロであった。こうして，郵貯の定額貯金は出し入れ自由という流

動性と，固定金利での高金利という貯蓄性を兼ね備えた商品であった。1999年には郵貯残高は260兆円に迫った。しかし2015年末現在，ゆうちょ銀行の貯金残高は約178兆円に減少した。ゆうちょ銀行は貸出を認められていないため，国債中心の資産構成からの模索が続いている。

② 公的年金

わが国の年金制度は，3階建てである。1階にあたる年金が，国民（基礎）年金である。国民年金の上に2階にあたる年金があり，民間企業であれば厚生年金，公務員などは共済年金となってきた。3階にあたる年金が，従来は企業年金としての厚生年金基金や税制適格年金であった。また2001年の年金改革で，税制適格年金は廃止されることが決まった。

2001年の年金改革で，確定拠出年金が日本でも誕生した。従来の厚生年金基金や税制適格年金は確定給付タイプの年金で，事業主が将来年金として給付する金額があらかじめ確定していた。これに対して，確定拠出タイプの年金は，事業主が年金保険料として拠出（現在，積み立てる）する金額が確定していて，将来の年金給付額は運用次第で変動する。加入者（社員，従業員）が運用方法を選択するので，運用次第で給付は差がでる。

以上の年金制度のなかで，財政投融資に関連してきた年金は，国民年金と厚生年金であった。改革までは資金運用部経由で財投に預託されてきた。資金運用部から金利を受け取ることで，資金運用してきた。

年金の運用方式には，賦課方式と積立方式がある。賦課方式は世代間扶養で，現役勤労世代が払った保険料が，運用なしで，す

ぐに退職世代の年金となる。積立方式は，若い時期から保険料を積み立て，運用し，その基金から年金を老後に受け取る方式である。日本の公的年金は賦課方式を基調としつつも，余剰金を運用してきた。余剰金が発生した大きな要因は，日本の世代間の年齢構成が歪んでいたためである。1990年代前半までは，年金受給者が少なく，余剰金が発生し，公的年金は財政投融資で運用してきた。

2015年3月時点で，公的年金運用残高は146兆円あり，国債中心の運用から，株式や海外債券の比重を高めつつある。

③ 簡易保険（現かんぽ生命）

簡易保険は郵便局が担ってきた，公的な生命保険である。養老保険が中心であった。簡易保険は基本的に保険額上限を1,000万円としていた。養老保険の特徴は，満期を迎えた場合に受け取れる満期保険金も1,000万円で，これに運用による成果が加わった。簡保の養老保険は保険であると同時に，貯蓄性を兼ね備えていた。

民間の生命保険の場合，加入時に医師による健康診断書の提出が義務づけられる。しかし簡保の場合，従来，健康診断の必要はなかった。すなわち，簡保は加入が簡単で，保険金額は高くないが，安い保険料で加入できる，と言える。また主力の養老保険の場合，満期の保険金が1,000万円で貯蓄性を持っていることになる。こうした事情から，簡易保険は手軽な保険として，人気があったと言える。

簡保は改革前から，郵貯・年金と異なり，財投には協力という形であった。つまり郵貯や年金の場合には，原則として全額が財投（資金運用部）に預託されてきた。しかし，簡保の場合は，財

投協力にとどまり，一部の資金が財投に預託されてきた。

2015年3月時点で，かんぽ生命の総資産は約85兆円であり，国債が約48兆円，地方債が約10兆円となっている。

④ 財政投融資と金利問題

すでに指摘したが，財政投融資改革は金利がひとつの焦点であった。まず原資となってきた郵貯，公的年金，簡保の側からすれば，財政投融資から正当な金利を支払ってもらう必要があった。他方，郵貯は銀行預金金利と競争しうる金利を，公的年金や簡保は民間の年金・保険と競争しうる運用利回りを，預金者や加入者に支払う必要があった。財政投融資（資金運用部や財政融資資金）から，郵貯・年金・簡保に支払われてきた金利は，財政投融資の預託・貸出金利と呼ばれた。

この預託・貸出金利は国債の表面利率（クーポン）に0.2％を上乗せされた水準とされてきた。つまり国債の金利が上昇すれば，郵貯として受け取る金利も増えるから，預金者に金利を払いやすくなる。しかし逆に国債の金利が低下すれば，郵貯として受け取る金利は減少する。この時，郵貯の貯金金利が同じく低下すればよいが，その保証はなかった。郵貯金利の低下がゆっくりと進み，国債金利の低下が急激であり，郵貯の利ざや（つまり利益）は縮小し，場合によっては逆ザヤ（つまり赤字）ともなった。郵貯や簡保からは，自主運用要求（財投委託をやめ，自主的に運用）が強まり，改革に至った。

(3) 財政投融資改革と変化

財政投融資計画は，改革前には特殊法人向けが300兆円を超え

ていた。特殊法人向けとは，公的金融機関など公庫，ならびに公団などである。この他，特殊法人向け以外としては，まず一般会計・特別会計があった。なかでも「交付税および譲与税配付金特別会計」が20～30兆円，「郵便貯金特別会計」が50～60兆円と中心であった。さらに特殊法人向け以外の財政投融資計画は，地方公共団体向けが60～70兆円程度あり，改革後も増加する傾向にある。すでに地方債の関連で説明したように，財政力の弱い市町村などは，地方債を民間金融機関に引き受けてもらえない。そこで市町村などは財政投融資に地方債を引き受けてもらう，もしくは借り入れるということになる。

つまり財投は改革前，公庫，公団に300兆円強，特別会計や地方公共団体に100兆円超貸してきたことになる。改革後，特殊法人向けは大きく減少している。2004年度には220兆円程度まで減少した。これは住宅金融公庫，日本政策投資銀行，国際協力銀行など公的金融機関への財投貸出が減少したためである。

図表8-6が，今日の財政投融資を示している。現在は，ゆう

図表8-6　財政投融資の資金フロー（2015年度）

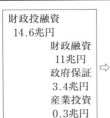

ちょ銀行，かんぽ生命，公的年金は，財政投融資から独立した。現在，財政投融資の資金調達は，財投債（財政投融資特別会計国債）で14兆円調達されて，財政投融資特別会計に入る。そして，財政投融資特別会計のなかの，財政融資勘定から財投機関，地方公共団体に貸し出される。政府保証債による3.3兆円も同様である。財投機関債による4.7兆円の調達は，財投機関による資金調達であるから，財政投融資特別会計を経由せず，直接に財投機関に入る。財政投融資特別会計から貸出を受けた，日本政策金融公庫や日本政策投資銀行が国民や企業に貸し出している。

第9章 国際金融

　本章では国際金融の仕組みについて説明する。証券市場での海外投資家の台頭にも示されるように，国際的な資金フローはますます大きくなっている。また日本企業のアジア等への進出が加速しているように，対外直接投資が増加している。これらは国境を越えた資金の移動であり，しかも出資や投資，貸付といった形態だから，国際金融ということになる。第1章の資金循環で見たように，海外部門はわずかではあるが資金調達部門であり，日本国内から資金が流出している。すなわち，海外からの証券投資，直接投資等による資金流入よりも，国内から海外への証券投資，直接投資等が大きい。しかし今後，国内で貯蓄が不足すると，海外資金に依存する可能性もある。

I　国際収支の仕組み

　国際収支表は貿易や投資などでの，国際的な資金の動きをまとめたものである。最近，国際収支表は変更され，経常収支と金融収支から構成される。従来（2014年以前）は，経常収支と資本収支から構成されたが，資本収支は金融収支に変更された。これに伴い，資本収支では海外流出超過はマイナスとなったが，金融収支では海外流出超過はプラスで表示されることとなった。

(1) 経常収支

　経常収支は，基本的にはモノ（商品）やサービスの国際的な移

動に伴う資金の動きを示す。経常収支は，貿易・サービス収支，第一次所得収支，第二次所得収支から成る。

　経常収支のうち，基本は貿易・サービス収支である。このうち貿易収支は貿易に伴う資金の動きを示す。2015年の場合，日本の貿易収支は約6,288億円の赤字であった。これは輸出が約75兆2,653億円に対し，輸入が約75兆8,941億円で，差引き約6,288億円の赤字となった。

　一時期，日本の貿易収支は赤字が拡大した。日本の貿易収支は2011年から2014年まで4年連続して赤字となった。2015年においても，縮小したものの，貿易収支は依然として赤字である。貿易収支赤字には，輸入と輸出の両面で原因がある。まず，輸入が増加した。輸入増加の最大要因は，エネルギー価格の上昇である。BRICsと呼ばれる新興国におけるエネルギー需要の増加，中東情勢の不安定化等によって，ドル建て原油価格が上昇した。さらに2013年以降，アベノミクスで急速に円安となり，円建てで輸入価格が上昇した。また電機関係で，スマートフォン等の輸入が増加した。日本で使用される携帯電話やスマホで，韓国や米国からの輸入品が急速に増加したのである。

　次に，輸出が伸び悩んだ。まず，かつては日本の御家芸であった電機関係の競争力低下である。日本の大手電機メーカーは，パソコン，タブレット，スマホ等で海外メーカーにシェアを奪われている。次いで，日本企業が海外生産へシフトしたことである。2012年までの円高局面で，日本の製造業は，生産拠点の海外移転を強化した。このため，家庭用電気製品等で海外日本法人からの輸入が増加した。以上の要因から，貿易収支は赤字となった。

図表9-1 経常収支の動向

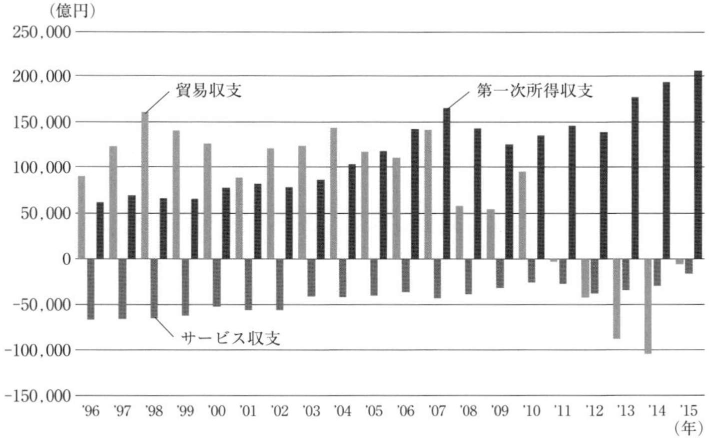

(億円)

出所：日本銀行，財務省ホームページから作成。

　しかし2015年になり，原油価格が低下した。アメリカでシェールオイルの掘削が活発化し，産油量が増加した。これに対抗して，中東等のOPEC（石油輸出国機構）が産油量を増加させて，価格面での主導権を確保しようとし，世界的に産油量が増加した。また2015年に入り，為替レートが円高に転じたため，ますます日本のエネルギー関係の輸入価格は低下した。このため，図表9-1が示すように，2015年に貿易赤字は縮小した。

　貿易収支に第一次，第二次所得収支とサービス収支を加えたものが，経常収支である。貿易収支が赤字であっても，第一次所得収支が20兆円を超す黒字と大きいため，経常収支は約16兆円の黒字（2015年）が維持されてきた。第一次所得収支の増加は，日本

企業の海外現地法人からの配当収入や，海外証券投資からの利子収入が増加したためである。日本企業は海外現地法人に出資しており，配当収入を受け取る。また円安局面では，海外債券への投資も増加し，利子収入も増える。これら海外からの配当・利子収入が，第一次所得収支の増加となっている。

　また，旅行収支の黒字化とサービス収支の改善も軽視できない。サービス収支は貿易以外のサービスによる収支だが，主として海外旅行の動向によって影響される。日本からの海外旅行が増加すれば，日本からの支払いが増加するために，国際収支で赤字額が増加する。逆に海外からの観光客が増加すれば，日本の受取りが増加するために，国際収支で赤字額が縮小し，または黒字となる。傾向として，従来，サービス収支は赤字であった。これは来日する海外観光客よりも，日本からの海外旅行客が多く，金額でも同じ（流出超，赤字）だったからである。最も影響していると推定される要因は，為替レートである。従来は，傾向的に円高であり，日本からの海外旅行は割安であった。しかし，海外からの観光客にとっては，日本旅行は非常に高くついた。従来は，日本からの海外旅行客が多かったが，2012年～2014年の円安によって，最近は海外からの来日外国人観光客の増加が上回っている。このため，2015年でもサービス収支は赤字解消に近づいた。

(2) 金融収支

　2014年以降，日本の国際収支表は，経常収支と金融収支から構成されている。金融収支は，直接投資，証券投資，金融派生商品，その他投資等からなる。2015年には，金融収支は21兆円程度の黒

字（資金流出）となったが，直接投資と証券投資がそれぞれ約16兆円程度の黒字となったことが大きく寄与している。

　直接投資の黒字は，日本企業の対外直接投資が大きく，海外から日本への企業の直接投資を上回っていることを意味する。日本企業が海外で企業を M&A（合併＆買収）で取得した場合も含まれる。今，日本企業は国内市場が少子化等で制約され，海外市場に活路を見出そうとしている。このため，海外で企業買収を活発化させており，海外進出を強めている。近年では，製造業に限らず，生命保険，損害保険などの金融業も海外 M&A を増やしている。他方，海外企業の日本進出は歴史的にも増加してこなかった。しばしば指摘されてきた要因としては，日本の地価が高くオフィス賃料が高いこと，系列取引慣行が強く海外からの参入が困難であること等々である。

　証券投資も2015年に約16兆円の黒字（資金流出）となったが，海外投資家が日本株を売ったため，日本からの海外証券投資が上回った。2013年には，アベノミクスと円安に期待して，海外投資家の日本株投資が急増した。しかし2014年に証券投資は約4.8兆円の赤字（流入超過）になったが，海外からの日本株取得が一服する一方で，日本からの海外証券投資が増加したためである。日本国内はゼロ金利からマイナス金利へと進み，預金や債券の金利はないに等しい。このため，海外の外貨預金や海外債券へ国内資金が向かっている。なお，日本企業が海外企業の株式を保有する場合，議決権ベースで10％以上保有すれば直接投資，10％未満なら証券投資に計上されている。

　その他投資は銀行貸出などが含まれ，多国籍銀行の親子間での

図表9-2 金融収支の動向

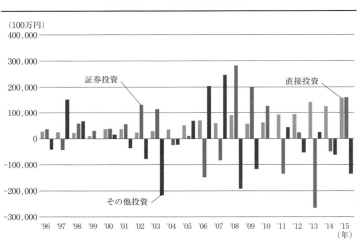

出所：日本銀行，財務省ホームページから作成。

貸出・借入（本支店勘定）などが増加していると見られる。現在，日本国内では超低金利である。このため，外資系銀行の日本法人は，コール市場などで資金を調達し，本店（ニューヨーク，ロンドン等）に貸付している。海外では相対的に金利が高いため，日本国内で調達し，海外で運用することで利ざやがとれる。こうした多国籍銀行内部での，本店と支店（外国法人含む）間での貸出・借入が増加している。

　以上のように，2015年現在，日本の経常収支は黒字（資金流入）を維持し，金融収支も黒字（資金流出）が継続している。これは辛うじて，経常収支の黒字を背景として，資本を海外に輸出

していることを意味する。換言すれば，国内貯蓄形成で海外部門にファイナンスしている。図表 9 - 2 が金融収支を示している。

しかし，最近，人口構成高齢化を一因として，国内の家計部門では貯蓄形成が弱まっているとされる（第 2 章，図表 2 - 1 参照）。法人部門で貯蓄が増加しているので，国内貯蓄がすぐに赤字となる可能性は小さい。しかし，国内の貯蓄が減少すると，海外からの資金流入に依存する傾向が強まる。これは，例えば，日本国債の外国人保有比率の上昇等となって表れる。

貿易収支が黒字であれば，海外からの所得が国内に移転し，国内貯蓄となる。しかし，貿易収支が赤字化すると，逆になる。日本の場合，貿易赤字は原油関係等が中心であり，赤字の通貨建てはドル建てが中心である。アメリカで貿易赤字がドル建てであっても，自国通貨で決済できる。しかし，日本での貿易赤字は，ドル建てである限り，海外通貨であるドルで決済されねばならない。これは日本では貿易決済のため，ドルへの需要が恒常的に存在することを意味する。為替スワップ（10章で説明）において，ドルから円転するコストが安いことは，ドルへの需要が強いためである。

Ⅱ　為替レート

(1) 円と為替レート

日本の為替レートは，戦後（1950〜1960年代），固定為替相場制であり，1ドル＝360円であった。1950年代から高度経済成長が開始され，輸出が増加した。しかし，当時は輸入も増加し，国際収支の天井がしばしば問題となった。為替規制があり，民間資金

によって決済できず，外貨準備により決済された。景気が拡大し，輸入が増加すると，外貨準備の上限（天井）によって，引締め政策がとられた。この時期には，為替取引は規制され，民間資金移動も規制されていたから，経常収支と為替需給，そして外貨準備の増減は原則として一致していた。

変動相場制への移行は，1970年代前半であった。ベトナム戦争等を契機に，アメリカ経済は相対的に地盤沈下し，米ドルの弱体化が進んだ。他方で，円高の歴史が開始された。また国際収支において，為替取引は自由化され，民間資本移動が加速した。経常収支と外貨準備増減の乖離が進み，民間資本移動による調整がはかられた。

プラザ合意が1985年に成立した。対ドルで主要通貨引上げを各国が合意した。プラザ合意前には，1ドル＝200〜250円程度であったが，プラザ合意後1ドル＝100〜120円へ，急速な円高が進んだ。日本では，急速な円高が進んだ場合，日本銀行が為替市場に介入し（円売・ドル買が中心），円高を抑制することになりやすい。一般に，日本銀行の為替介入と呼ばれるが，財務省が外国為替資金特別会計で外国為替資金証券を発行し，日本銀行が引き受けて，円売りの介入資金が調達されてきた。この資金で日本銀行は為替市場で円を売り，ドルを買ってきた。このため，日本銀行の為替介入はマネタリーベースの増加，あるいは日本銀行券増発となりやすかった。1987〜89年の，地価・株価高騰（いわゆるバブル）は，日本銀行の為替介入と過剰流動性が一因と見られている。日本銀行が介入することで，結果として民間銀行への与信が増加し，民間銀行は日本銀行信用を背景に不動産関連等の貸出を

増加させた。

1990年以降、いわゆるバブルは崩壊し、その後長期間にわたり、不良債権処理が続いた。しかし為替レートは日本の国内要因だけで決まるわけではない。欧州通貨危機、アジア通貨危機、リーマンショックなどで、円は安全通貨として買われ、たびたび円高となった。2000年以降、為替レートはおおむね80〜130円程度で推移している。

(2) 為替レートの決定理論

為替レートの決定理論としては、主要な学説として2つある。購買力平価説と金利平価説である。

① 購買力平価説

購買力平価説は、絶対的購買力平価説と相対的購買力平価説からなる。絶対的購買力平価説は、為替レートは二国間の購買力によって決まるという観点に立っている。単純化して換言すれば、マクドナルドのハンバーガーが、アメリカで1ドル、日本で100円ならば、為替レートは1ドル＝100円になる、ということである。

他方、相対的購買力平価説は、為替レートは購買力を基礎としつつ、物価上昇率の変化を反映して決まる、という考えである。すなわち、ハンバーガーがアメリカで1ドルから1.1ドルへ上昇し、日本で100円から105円に上昇した場合、アメリカの物価上昇率10％は日本の5％を超過するため、円高ドル安になると考える。物価上昇は対外的な通貨価値の低下をもたらす、と考える。図表9-3は、相対的購買力平価説の観点から、購買力平価（PPP：

図表 9-3　円ドルの為替レートと購買力平価

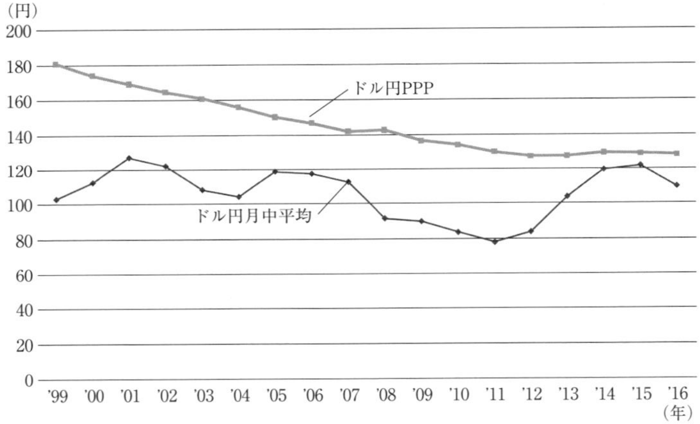

(注)　各年12月の月中平均。2016年のみ5月。
出所：国際通貨研究所ホームページから作成。

Parity of Purchase Power：消費者物価上昇率の変化から算出）と実勢レートを示している。算出されたPPPは，常に実勢レートよりも円安レンジにある。逆に言えば，常に実勢レートはPPPよりも円高にある。ただし，2015年には実勢レートの円安が進み，PPPにかなり接近した。とはいえ，2015年でも，実勢レートはPPPよりも円高にあった。2014年から2015年にかけて，消費者物価上昇率が少し上昇したため，PPPは横ばいで推移したことが関連している。

② 金利平価説

　第二は，金利平価説である。この学説では，内外の金利格差で

為替レートが影響される，また裁定が活発化するため各国間での投資利回りは平準化すると考える。ある国（A国）で，高金利であれば，海外から資金が流入し，為替レートは上昇する。しかし国際金融市場では裁定取引が活発であり，他国と運用利回りは等しくなる。このためB国へ資金は向かい，A国の為替レートは低下することになる。この考えからすれば，A国の金利がB国の金利よりも高い場合，A国の対B国での為替レートは現在のレート（直物）よりも，1年後のレート（先物）が安くなる。このことを，内外金利差は為替レートの直先スプレッドに反映されるという。金利が高いぶん，将来の為替レートは低下すると予想され，各国間で投資収益率が等しくなることになる。金利平価説では，各国間の金利格差は裁定により収斂する（投資利回りは等しくなる），と前提している。

図表9-4は，2013年以降の日米の短期市場金利を示している。アメリカの短期金利は，FF（フェデラル・ファンド）レートであり，日本は無担保コール翌日物である。2014年にアメリカがQE（Quantitative Easing：量的緩和）を止め，2015年から利上げが注目されてきた。このため，アメリカのFFレートは徐々に上昇し，2015年11月の0.12％から2016年2月には0.38％まで上昇した。他方，日本では2016年1月末からマイナス金利が導入された。日米の金利格差は拡大した。この場合，金利平価説によれば，アメリカへ資金が流入するが，金利裁定が働くため，日本円の先物レートは現物レートよりも高くなる。2016年に入り，円高傾向が続いたが，金利平価説の観点からも説明できる面がある。

図表9-4　日米の短期金利と円ドル為替レート

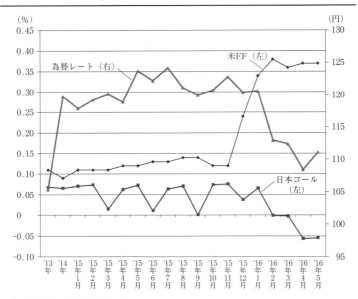

(注)　2013〜2014年は年平均。
出所:『金融経済統計月報』から作成。

Ⅲ　ユーロと欧州中央銀行（ECB）

(1) 通貨統合の理論

　以上で，国際金融の基礎を学んだ。以下では，現在の国際金融における応用問題として，ユーロを取り上げる。ユーロは，EUのなかの参加国によって流通する共通通貨である。米ドルや日本円は，国民国家に対応した通貨である。しかしユーロはEUのなかの複数国家が参加する，国民国家を超えた通貨である。2016年

1月現在，EU加盟国のうち，19ヵ国がユーロに参加している。

ユーロ導入にあたり理論的支柱となったのは，マンデル（R. Mundell）らによる最適通貨圏の理論であった。これは最適通貨，換言すれば共通通貨が導入される地域の条件として，① 生産要素（資本・労働）の移動性，② 物価・賃金の伸縮性，③ 財政による所得移転，をあげている。① は，同一地域内で，資本，すなわち企業が自由に移動できること，ならびに労働力が自由に移動できることを意味する。② は，同一地域内で，物価や賃金が，需要と供給によって伸縮的であることを意味する。③ は，同一地域内で，高所得地域から低所得地域に財政によって所得移転されること，を意味する。こうした条件があれば，共通通貨が導入できるということになる。

しかし，ユーロ圏の現状は，この理論から見ても，問題が多い。現在のユーロ圏では労働の移動性は不足しており，失業率の国別格差も大きい。言語や生活習慣の違いもあり，簡単に人間（労働力）は移動できない。労働の移動性が不足しているため，国や地域間で失業率に大きな格差がある。ルクセンブルクでは失業率が2％前後だが，スペインやポルトガルでは15〜20％ある。ユーロ導入国内もしくはEU域内の移民はさほど大きくはなく，現実のEUやユーロ導入国で問題になっているのは，シリア等の域外からの難民流入である。

また財政による所得移転システム（日本で言えば地方交付税交付金）も不十分である。EUの共通財政は存在するものの，その規模は小さいし，歴史的には農業補助が中心であった。EUでは各国の付加価値税税収の一部やGDP比例の拠出金を財源として，

共通財政が形成されてきた。しかし歳出面では農業補助の比重が高く，結果としてフランスやデンマークなどの高所得国が恩恵を受けてきた。ドロールパッケージで改革されたが，依然として規模は小さい。このように，財政による所得移転も制約されている。最適通貨圏の理論から見ても，現在までのユーロは問題を抱えてきた。

(2) 経済格差とユーロ

ユーロでギリシャ問題が繰り返されてきたが，その理由について，ドイツ人は勤勉であるが，ギリシャ人は怠け者，という意見がある。ドイツ人が規則を重んじることは事実であるが，経済学的観点からは皮相的な意見である。繰り返されるギリシャ問題の背景を経済学的観点で以下検討する。

最大の問題は，ユーロ導入国の経済格差にある。図表9-5は，ルクセンブルク，ドイツ，オランダなど所得水準が高い国と，ギリシャ，ラトビアなど所得水準が低い国について，1人あたり所得（EU平均＝100とする指数）を見たものである。ユーロ導入国で，所得水準が最高であるのは，ルクセンブルクである。ルクセンブルクは小国であるが，資源に恵まれ歴史的に鉄鋼業が発展したうえ，ユーロ国際債市場など金融業も成長した。ルクセンブルクの1人あたりGDPは，EU平均100に対し250～260といった水準にある。

他方，ギリシャの同指標は2014年時点，64であり，ルクセンブルクの4分の1といった水準にある。所得水準に4倍もの格差がある場合，当然のことながら，物価水準や物価動向にも影響がで

図表 9-5　ユーロ参加国の所得水準（EU 平均＝100）

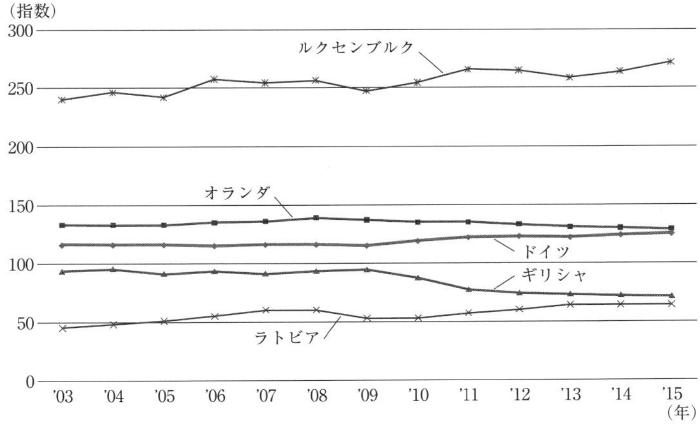

出所：Eurostat ホームページから作成。

る。さらにギリシャの場合，2010年以降，IMF や EU によって緊縮策を要求されてきた結果として，1人あたり GDP は急速に縮小している。ギリシャの1人あたり GDP は，2009年に94であったが，2015年には71まで減少している。6年間で24.5％という所得水準の低下は，国民生活に深刻な影響が出ていることを示唆している。ギリシャの基幹産業は，観光業と海運業といわれるが，製造業では競争力はほとんどない。

　こうした傾向は，ユーロを2011年導入のエストニア，2014年導入のラトビア，2015年参加のリトアニアについてもほぼ同様である。これら3ヵ国はバルト諸国，またはバルト3国と呼ばれるが，地理的にロシアと国境を接していることもあり，歴史的にロシア

と関係（対立も含む）が深い。ラトビアの1人あたり GDP は2003年には45であったが，2015年には64まで上昇している。しかし依然としてギリシャよりも低く，ルクセンブルクに比較すれば，4分の1以下である。現在は立ち直ったものの，バルト3国もリーマンショック後，深刻な金融危機に陥った。

　以上のように，ユーロ導入国の間には，所得水準をとっても大きな格差がある。また失業率をとっても同じで，ドイツでは4.6%（2015年現在，以下同じ）であるが，ギリシャでは24.9%，スペインでは22.1%である。しかし，同じ通貨圏であることは，単一の中央銀行の金融政策によって運営されることを意味しており，ドイツでもギリシャでも同じ ECB の政策金利が適用される。結果として，ドイツでは低金利によって住宅など資産価格の上昇が続き，他方でギリシャなどの経済再生は困難となっている。

(3) 欧州中央銀行（ECB）とマイナス金利政策

　説明したように，ユーロ圏には経済格差がある。しかし単一通貨であり，ECB による一元的な金融政策が実施されている。一例として，2016年2月に，物価上昇率（年換算）はベルギーが1.8%，オーストリアが1.4%，スウェーデンが1.3%であったが，キプロスの−1.1%をはじめとして，物価が低下した国は10ヵ国（EU 加盟国ベース，やはり1人あたり所得水準が低い国が多い）に及んだ。一方で，物価上昇率が1%を超えている国があり，他方で1%以上下落している国がある。しかし，ECB は単一で共通の金融政策を行っているが，望ましい物価上昇率を2%程度（日本などと共通）としている。このためユーロ圏平均では0%程度の

物価上昇率となるが，少なくない国でマイナスの物価上昇率のために，デフレの懸念が払拭されないことになる。

　他方で，ドイツはECBによる国債購入と量的緩和には批判的である。一般に，独連邦銀行はインフレに厳格である。これは，ドイツが第一次大戦後にハイパーインフレを経験したこと，その後ナチスの台頭を招いたこと等への反省に起因すると言われている。独連銀は金融緩和に慎重であり，中央銀行による国債購入には否定的であり，ECBの政策にも一定の影響力を有する。ドイツが国債購入に反対する背景のなか，ECBが2014年6月から導入した政策が，マイナス金利政策である。

　図表9-6は，ECBの主要な政策金利と所要準備額，超過準備額，預金ファシリティ残高を示している。貸出ファシリティ金利は，主要な政策金利のなかで最も高く0.25％（2016年3月現在）であるが，日本でいうと，基準貸付利率にあたる。いわば市場金利の上限といった役割を果たしている。他方，市場金利の下限を期待される金利が，預金ファシリティ金利で，ECBは2016年3月より－0.4％（2月までは－0.3％）に引き下げた。預金ファシリティは民間銀行がECBに預ける当座預金の一部であるから，民間銀行が中央銀行に預金すると，マイナス金利，すなわち金利を課されることとなった。他方，ECBの政策金利のなかでも中心的な金利である，主要レポオペ金利は2016年3月より0％に引き下げられた。主要レポオペとは，ECBに対し民間銀行が国債等を担保にして，ECBから短期間資金供給を受けることである。したがって，ECBから金利ゼロで資金を借りることができるようになった。

図表9-6　ECBの準備預金と金利

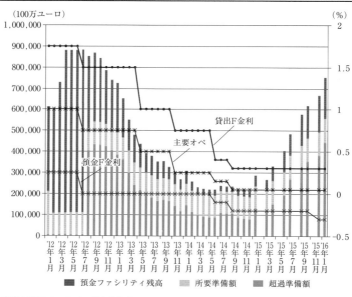

出所：ECBホームページから作成。

　もともとマイナス金利政策を導入した意図のひとつには，中央銀行への民間銀行による預金積上げに金利を課すことで，中央銀行預金を抑制し，貸出を促進することにあった。銀行による企業向け貸出が停滞していることは，日本でもユーロ圏でも共通している。大企業は多国籍企業であり，金融子会社経由で資金調達し，銀行借入れは減少している。しかし，景気回復のため，ECBは中小企業向けを含め，貸出を増やそうとしてきた。

　しかし，図表9-6を見ると，マイナス金利導入以降，超過準

備額も預金ファシリティ残高も増加していることがわかる。まず預金ファシリティ残高は2014年5月には297億ユーロであり，6月からマイナス金利が導入されて，10月には243億ユーロまで減少した。しかし11月からは増加に転じ，2016年3月には2,538億ユーロまで急増した。また同様に，超過準備についても，マイナス金利導入以降，減少した時期もあったが，2016年3月には4,426億ユーロまで増加した。国債等もマイナス金利となり，銀行等の金融機関は運用で消去法的に中央銀行預金を積み増していると見られる。マイナス金利政策によって意図された方向は，必ずしも実現されていない。

第10章　デリバティブ

　金融のデリバティブ（Derivative）とは，金融派生商品を指す。株式であれば，現物の株式取引があり，現物の株式から派生して先物の株式が成立する。また先物の株式から派生して，株式オプションが形成される。こうした先物やオプションを一般に，デリバティブと呼ぶ。

Ⅰ　先　　物

(1) 先物とは

　先物とは，将来時点での商品（金融商品以外を含む）売買の取引価格と取引量を，現時点で決めて行う取引を指す。例えば，原油1バーレルを1年後に50ドルで買うことを現時点で決めたとする。原油購入者にとっては，先物買いとなる。仮に1年後，原油1バーレルが現物市場で60ドルであれば，先物買いによって1バーレルあたり10ドル安く購入できたことになる。こうした取引が先物取引の原型である。ただし先物取引は取引所での取引を指し，取引所外での取引は先渡し取引と呼ばれ，両者は区別される。

　先物取引の起源は，わが国江戸時代の大坂・堂島における米取引と言われる。わが国では元禄時代（17世紀後半），幕藩体制の安定により，農業を中心に産業が発展した。大坂は各藩が年貢米を取引し，換金する大商業都市であった。享保の改革（18世紀前半）のころ，堂島の米市場は全国の米取引の中心地であった。こうした背景において，堂島で米の先物取引が開始された。

米作と米価格は天候によって大きく左右される。天候不順によって、秋に米価格の上昇が見込まれる場合、初夏の時点で、購入者は先物買いによって比較的低い価格で米を購入できる。逆に、天候が順調で豊作となり、秋に米価格の低下が見込まれる場合、売り手は先物売りによって比較的高い価格で米を販売できる。このように先物取引は本来、価格を安定させ、価格変動を緩和する機能を有している。徳川吉宗も幕府の財政再建のために、米価格を安定化させるべく、米の先物取引を導入したと言われている。

　取引をするためには、1ヵ所に集合して取引することが便利となる。取引参加者が集合して売買する場所が、堂島の米会所、さらには取引所となった。取引所で取引される場合、取引商品の売買単位や受け渡し期日などの取引条件を標準化することとなる。取引される銘柄によって、売買単位が異なったり、受け渡し期日が違うと、取引参加者には不便である。そこで取引所などが、取引商品ごとに売買単位や受け渡し期日等を標準化（もしくは規格化）する。

　取引商品の標準化（もしくは規格化）によって、取引の利便性が高まり、大量の需要と供給がもたらされ、流動性が高まる。一般に、先物市場では標準商品（日経平均先物等）が取引されるため、現物市場（日経平均採用銘柄だけでも225銘柄）に比べ銘柄数が少なく、その分先物市場での流動性は高くなる。

　先物取引では、反対売買によって、受け渡し（満期）期日前に取引を終わる（手仕舞う）ことができる。すなわち、いったん先物買いを入れても、受け渡し（満期）期日前に、先物売りによって、取引を終えることができる。たとえば、6月上旬に雨不足に

よって米価格（10月）の上昇が見込まれ，いったん先物買いを入れたとする。しかし6月下旬に大雨が降り米価格の低下が見込まれたため，先物を売り，取引を終える場合などがある。こうした反対売買による取引終了も，先物取引の流動性があって可能となる。

(2) 先物取引の仕組み

先物取引では，取引額全額を現金で用意する必要はない。証拠金取引と呼ばれ，取引金額の一定比率を現金や有価証券で担保として差し出すことで取引が可能となる。100の先物買いをする時，たとえば10の現金か有価証券を担保として差し出すこととなる。

証拠金取引は，手持ち現金の制約から解放し，流動性を高める効果を持っている。また取引で損失をだした参加者が決済できなくなるリスクを，証拠金は軽減していることとなる。しかし，反面においては，現金の裏づけがなくても取引が可能となるため，投機的な性格を持つことは否めない。

先物価格が変動することにより，必要な証拠金の金額も変動する。また担保が有価証券である場合，その有価証券の価格もまた変動する。このため，先物価格や担保の有価証券価格も毎日計算され，修正される。これを値洗いと呼ぶ。値洗いの結果，担保が不足する（担保割れ）場合，追加で証拠金を差し出す必要がある。これを追い証と呼ぶ。

先物取引では，証拠金によって取引できる。このため，反対売買によって，取引を終える時も，売買の差額を決済することでよい。10の証拠金によって，100の先物を買い建てたとする。その

図表10−1　長期国債の現物と先物の規模

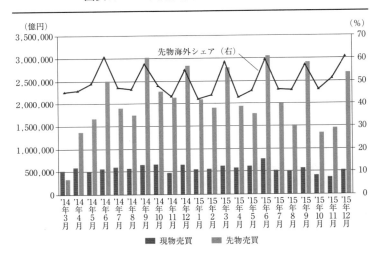

(注)　現物取引はレポ取引を除く一般取引分。
出所：日本証券業協会，JPXホームページから作成。

後，105で先物を売ったならば，取引相手から5を受け取ることで決済される。これを差金決済と呼ぶ。

　先物取引では，通常，限月取引となる。先物取引は将来時点での取引価格を現時点で取引するため，将来時点を特定する必要がある。大阪証券取引所（JPX）で取引される長期国債先物の場合，2016年5月時点では，2016年6月限，同9月限，同12月限と3つの限月取引がなされている。2016年6月限であれば，取引最終日が6月13日に設定される。

　図表10−1は，長期国債の現物と先物の売買代金，ならびに先物における海外投資家のシェアを示している。まず，現物に比べ

て，先物の売買代金規模が4～5倍に達していることがわかる。株式でも同様であるが，現物よりも先物がはるかに大規模となっている。第二に，限月（決済月）になると，先物の売買代金が増加している。これは限月に反対売買をして，手仕舞う傾向があるからである。第三に，長期国債先物では海外投資家のシェアが極めて高く，限月には60％近くに達している。これは株式先物でも同様で，海外投資家のシェアが高い。

(3) 先物価格

経済合理性から算出される先物価格は，先物の理論価格と呼ばれる。1年後に取引するという条件で，現時点で価格と数量について先物（1年後の）取引を約定する。この時，先物価格は理論的に計算される。

株価であれば，一般には次の計算式で先物理論価格は計算される。

株式先物理論価格＝株式現物価格×｛1 ＋（短期金利－配当利回り）×残存日数÷365｝

短期金利をかける意味としては，現物株を先物限月まで一定期間運用すれば，最低限でも短期金利分の運用益が得られるためである。理論的には，リスクフリー（無リスク）の短期国債で運用した場合の金利は，最低限の運用益となる。しかし他方，現物株で運用すれば得られたはずの配当は，得られないために，控除することとなる。

また前提として，満期を迎えた先物価格は，満期日の現物価格と一致する。すなわち満期前には，先物の市場価格は理論価格か

ら乖離することもあるが，満期日においては，先物の理論価格＝先物の市場価格＝現物価格となる。

このため，現時点で資金を借り入れして現物を購入し1年後に決済（返済）することと，現時点で先物（1年物）を買い1年後に決済することは，同じこと（価格）になる。現時点で，1万円で現物を購入（借入）し，5％の金利を払い，配当を300円得るとすると，総費用は10,200円となる。したがって，現時点での先物（1年物）の理論価格は10,200円となる。先物取引では証拠金取引であるから，借り入れしての取引と同じである。

しかし先物の市場価格は，満期前には，理論価格からの乖離が発生する。理論価格が10,200円である時，市場価格が10,500円であれば，理論価格よりも割高な先物を売ることで，差益を儲けることができる。

(4) 先物の投資方法
① ヘッジ取引

ヘッジ（危険回避）として，先物を取引することができる。先物のヘッジ取引には，売りヘッジと買いヘッジがある。

売りヘッジは，現物株を保有していて，値下がりが予想される場合に用いられる。例えば，現物株を多数購入していたが，株価の値下がりが予想され，損失が予想されるとする。この場合，現物株を購入すると同時に，先物を売り建てておく。現物の株価低下によって，現物では損失が発生する。しかし先物では売り建てていたため，先物が値下がりした時点で，買いにより決済される。先物では高値で売り，安値で買いとなったため，利益が発生する。

現物の損失は，先物の利益と相殺される。売りヘッジ手段として，先物が取引される。なお，通常，現物の価格が低下する時，先物価格も低下する。

② アービトラージ（裁定）取引

　裁定取引は，広義においては，2つの資産の価格差に着目し，割高な一方を売り，割安な他方を買うことにより，利ざやをえる投資行動を指す。しかし証券（株式）市場での裁定取引，特に先物に関わる取引としては，現物株価指数と先物株価指数の価格差に着目し，利ざやをえる投資行動を指す。先物株価指数としては，TOPIX先物，日経平均先物などが使用され，売買される。他方，現物株価指数としては，TOPIX（東証株価指数）や日経平均株価（225）が使用され，売買される。

　先物指数はTOPIX先物や日経平均先物といった商品があるため，その先物指数を売買できる。しかし，現物指数にはTOPIXや日経平均といった商品自体は存在しない。このため現物指数を売買するためには，個別の指数構成銘柄をすべて売買することになる。他方，TOPIXは東証上場の全銘柄が対象の時価ベース指数であるが，日経平均は225銘柄が対象の平均株価指数である。このためTOPIX指数構成銘柄を売買するよりも，日経平均構成銘柄を売買するほうが，比較的容易である。結果として，裁定取引との関係では，日経平均が使用されるケースが多い。日経平均先物が大証のほか，シンガポール，シカゴなど海外の取引所でも上場されている。

　先物価格が割高の場合，裁定取引は以下のようになる。まず理論価格に対し割高となっている先物指数を売り建て，同時に現物

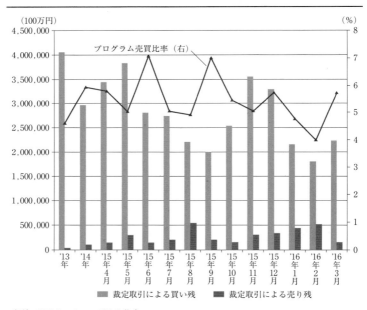

図表10-2　株式先物取引と裁定取引

出所：JPXホームページから作成。

の指数構成銘柄を買い建てる。日経平均の場合，日経225構成銘柄を保有する。その後，清算日において（清算日前もある），先物の理論価格と先物価格が一致するため，先物を買い戻し，同時に現物の指数構成銘柄を売却し，裁定取引を解消する。

　図表10-2で，裁定取引に関わって，現物買い残（将来の売り要因）が常に多いことがわかる。これは，日本の株式裁定取引では，現物の買い，先物の売りから始まるため，である。このため，裁定取引が開始されると，現物株価が上昇する。しかし，何らか

の要因で，裁定取引が解消されると，急速に現物株が売られ，株価が下落する。2015年5月から9月にかけて，買い残が急速に減ったが，裁定の解消に起因する。

東証では，裁定取引については，プログラム取引の一形態と位置づけている。プログラム売買とは，立会売買において，25銘柄以上の売りまたは買い発注を一度に行う売買である。裁定取引では，日経平均先物を利用する場合，現物の日経平均225銘柄を同時に発注することが多く，プログラム売買に該当する。

プログラム売買は，もともと，コンピューターによるプログラムにもとづく売買を指している。近年のヘッジ・ファンドによる株式売買では，ファンド・マネージャーなどによる発注よりも，コンピューターによる自動発注が多くなっている。裁定取引も，こうした傾向の一部と考えられる。図表10-2でわかるように，プログラム売買は，全売買の5～7%に達している。近年では，HFT（高速売買，全売買の50%を超す）と呼ばれるプログラム売買が増加していることも，影響していると見られる。

II オプション

(1) オプションとは

オプションとは，将来時点において商品（金融商品以外を含む）を一定の価格（権利行使価格と呼ぶ）と数量で売買する権利である。すなわち例えば，日経平均先物を1年後に，1万円など一定価格の権利行使価格で買う，または売る権利である。仮に1年後に日経平均（現物）が10,500円となっていれば，買う権利（コール・オプション）を行使して，割安な1万円で買うことができる。し

かし，仮に日経平均が9,500円となっていれば，購入したコール・オプションを放棄し，9,500円で購入することとなる。

簡単に表現すれば，オプションとは，買い手にとっては，掛け捨ての保険と言える。買い手にとって有利であれば，保険によって権利を行使できる。逆に買い手に有利でなければ，掛け捨ての保険は放棄される。しかし売り手は掛け捨て保険の保険料を受け取っており，買い手から権利の行使があれば，かならず売買に応じる義務を負うている。

先物取引では，反対売買によって必ず決済される。しかしオプション取引はあくまで買い手にとって権利であり，オプションを行使するか，否かは買い手の義務ではない。このため，相場観がはずれた場合，オプションを放棄し，オプションの購入代金（プレミアム）が損失となる。

先物の場合，1年後の日経平均先物を1万円で買い建てた場合，満期において日経平均が10,500円であれ（利益が発生），9,500円であれ（損失が発生），決済することが必要となる。しかし，オプション取引によって，価格動向次第で損失を回避することが可能となった。

オプション取引には4種類ある。コール・オプション（買う権利）を買う，売る。プット・オプション（売る権利）を買う，売る，といった4種類である。コール・オプションでもプット・オプションでも，買い手はオプションの購入代金（プレミアム）を支払う。買い手はオプションの購入後，権利行使か，権利放棄か，といった選択が可能である。しかし売り手はプレミアムを得る代わりに，買い手の売買に必ず応じる義務がある。コールの売り手

は，買い手が買う権利を行使した場合，権利行使価格で売る義務がある。またプットの売り手も，買い手が売る権利を行使した場合，権利行使価格で買う義務がある。したがってオプションの売り手は，プレミアムを得ることで，価格動向に関わりなく，売買に応じる義務とリスクを負うことになる。

(2) オプション取引の仕組み

オプション取引により得られる利益（同時にプレミアム価格）には，本質的価値と時間的価値がある。本質的価値とは，現時点で権利行使すると得られる利益であり，時間的価値とは権利行使日までに株価が上昇するという，上乗せされた期待部分である。

株価が550円の時，権利行使価格が500円のコール・オプションを権利行使すれば，50円の利益が得られる。こうした現時点で権利行使すれば得られる利益が本質的価値である。

権利行使価格が500円のコール・オプションを保有しているが，株価が500円以下であれば，本質的価値はゼロであるが，プレミアム（オプション価格）はゼロとならない。これは権利行使日までに株価が500円以上に上昇するといった期待感による上乗せ部分があるためで，これが時間的価値と呼ばれる。

① コールの買い

図表10-3を参照しながら説明する。

株価が500円の時，1ヵ月後に行使価格500円のコール・オプションをプレミアム13円で購入した，とする。1ヵ月後に株価が550円に上昇した場合，500円で購入できる。したがって550-500-13＝37円が利益となる。この場合，株価の上昇により，利益は

図表10-3 オプション取引

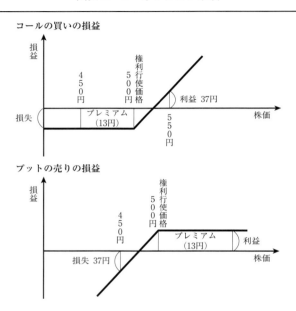

無限大（プレミアム分を差し引く）となる。

逆に，1ヵ月後に株価が450円に下落した場合，500円で購入する権利を放棄する。したがってプレミアム13円が損失であり，最大損失もプレミアム13円となる。

コールの買いでは，利益は無限（プレミアム差し引き後），損失はプレミアムが上限となる。基本的に相場を強気（上昇する）に見る場合，コールの買いポジションをとる。

② コールの売り

株価が500円の時，1ヵ月後に行使価格500円のコール・オプ

ションをプレミアム13円で売ったとする。1ヵ月後に株価が550円に上昇した場合，550円で調達し，500円で売ることとなる。500－550＋13＝－37円が損失となる。この場合，株価上昇に伴う損失は無限大（プレミアム分を差し引く）となる。

逆に，1ヵ月後に株価が450円に下落した場合，相方はコール・オプションを行使しないので，コールの売り手は，プレミアム13円が利益であり，最大利益も13円となる。基本的に相場を弱気（下落する）に見る場合，コールの売りポジションをとる。相場が下落する場合，利益が発生するからである。

③ **プットの買い**

株価が500円のとき，1ヵ月後に行使価格500円のプット・オプションをプレミアム13円で買ったとする。1ヵ月後に株価が450円に下落した場合，450円で現物株を購入すれば，500円で売る権利があり，行使できる。500－450－13＝37円が利益となる。この場合，株価下落に伴い，利益は無限大（プレミアム分を差し引く）となる。

逆に，1ヵ月後に株価が550円に上昇した場合，権利を放棄すれば良い。プレミアム13円が損失となり，最大損失も13円となる。基本的に相場を弱気（下落する）に見る場合，プットの買いポジションをとる。株価が低下するほど，利益が発生するからである。

④ **プットの売り**

株価が500円の時，1ヵ月後に行使価格500円のプット・オプションをプレミアム13円で売ったとする。1ヵ月後に株価が550円に上昇した場合，買い手は権利行使しないので，プレミアム13円が利益となり，最大利益も13円となる。

逆に，1ヵ月後に株価が450円に下落した場合，買い手は450円で現物株を買い，500円での売りを権利行使する。この場合，500円で買う義務がある。450－500＋13＝－37円が損失となる。株価が低下するほど，損失は無限大（プレミアムを差し引く）となる。

基本的に相場を強気（上昇する）に見る場合，プットの売りポジションをとる。相場が上昇した場合，利益が発生し，下落すると損失が発生するためである。

Ⅲ スワップ

(1) スワップとは

スワップとは，異なるキャッシュ・フローを交換することを指す。具体的には，異なる金利や通貨などを交換することを指す。金利の場合，固定金利と変動金利，長期金利と短期金利等を交換する。外国為替関係の場合，一定期間，異なる通貨を交換する，などがある。先物・オプションは取引所取引が中心であるが，スワップは店頭デリバティブが中心である。またスワップは契約であり，証券ではない。

(2) 金利スワップ

金利スワップでは，主として固定金利と変動金利がスワップされる。金利スワップは，主として金利変動リスクをヘッジするため，固定金利と変動金利等を交換する取引と言える。

A銀行は5年物債券で固定金利によって資金調達しており，短期貸出で変動金利によって資金運用しているとする。すなわち，かつての長期信用銀行に近いビジネスモデルである。このA銀行

では、金利が低下すると、貸出が変動金利であるため、貸出金利が低下し、損失を生むリスクがある。調達の固定金利よりも高い貸出金利であれば、損失は発生しないが、貸出金利が調達金利を下回ると、逆ザヤとなり、損失が発生する。

他方、B銀行は短期金融市場で変動金利によって資金調達している。しかし運用では長期貸出で固定金利によっている。すなわち都市銀行に近いビジネスモデルであり、CD（譲渡性預金）等で調達し、住宅ローンなど長期・固定金利で運用している。このB銀行では金利が上昇すると、調達が変動金利のため、調達金利が上昇し、損失が発生するリスクを抱えている。

こうした場合、A銀行とB銀行で相互の調達金利をスワップすることで、金利変動リスクをヘッジできる。具体的には、仲介者（スワップディーラー）がA銀行とB銀行を引き合わせ、A銀行がB銀行の変動金利を支払い、B銀行がA銀行の固定金利を支払う。このスワップにより、A銀行は調達・運用とも短期の変動金利となる。またB銀行は調達・運用とも長期の固定金利となる。A銀行、B銀行とも、資産・負債のミスマッチ（短期と長期、変動と固定といった不一致）から解放されている。

(3) 外国為替関係のスワップ

外国為替関係のスワップには、大きく分けて、通貨スワップと為替スワップがある。異なる通貨の一定期間交換するということでは、両者は共通している。しかし、元本部分の交換における為替レートや、通貨の交換によって発生する金利の交換等について違いがある。短期金融市場の円転・円投に関して説明したように、

図表10-4　4 為替スワップの仕組み

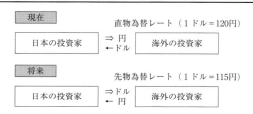

為替スワップ，通貨スワップは，海外投資家が日本の国債等に投資する場合や，日本の銀行，生保等が海外証券に投資する場合等に使われている。

① **為替スワップ**

　異なる2つの通貨を当初の現物レートと，将来の先物レートで，同時に反対売買することで交換し，2つの通貨からの金利（固定金利）の金利差を先物レートに織り込むことで交換する。図表10-4が示すように，為替スワップでは，直物レートで現在，円をドルに交換し，将来（主として1年以内）先物レートでドルを円に交換する。この時，ドル金利が上昇傾向にあれば，直物レート（1ドル＝120円）よりも，先物レートは金利格差を反映して円高（1ドル＝115円）になり，日本の企業や銀行に不利となる。

　2016年の場合，アメリカのFRBが利上げを検討する一方，日本ではマイナス金利政策がとられている。このため，日米金利格差が拡大し，為替の先物レートは円高となる。日本の投資家が為替スワップを利用すると，直物で1ドル＝120円でドルに転換し，将来，115円でドルから円に戻るため，この意味で不利になる。

為替スワップにおいては、金利の交換はない。為替スワップは、1年未満の短期が中心である。

② 通貨スワップ

通貨スワップでは、現在と将来において、異なる2通貨を同一の為替レートで交換するが、途中と将来において金利を交換する。この場合、円とドルであれば、それぞれのLIBOR（ロンドン銀行間取引金利）における円とドルの金利となるが、ドル金利上昇時には、円金利はマイナスのスプレッドが発生する。

図表10-5にもとづいて説明する。通貨スワップの場合には、異なる2通貨の交換レートは、現在と将来において同じである。現在、1ドル＝120円で円をドルに交換し、将来にも、1ドル＝120円でドルを円に戻す。しかし、通貨スワップにおいては、途中と最後にそれぞれの通貨の金利を交換する。この金利はLIBOR（変動金利）が基本になるが、国内投資家が受け取る円金

図表10-5　通貨スワップ（ベーシススワップ）の仕組み

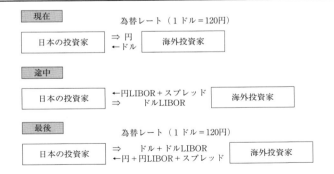

利には、スプレッド（プラスまたはマイナス）が上乗せされる。このスプレッドは、円への需要が強い時にはプラスとなるが、円よりもドルへの需要が強い時には、マイナスとなる。したがって、2016年のように、まず円の LIBOR が 0 か、マイナスであり、さらにスプレッドもマイナスであると、海外投資家は国内投資家にマイナスの金利を払う（つまり海外投資家はドル金利を受け取るだけではなく、円金利も実質的に受け取る）。

　日本の国債金利がマイナスであるのに、海外投資家からすると、通貨スワップのために、プラスの金利になると言われている。

参考文献

池尾和人・岩佐代市・黒田晃生・古川顕『金融［新版］』有斐閣，2000年
一井　昭『ポリティカル・エコノミー』桜井書店，2009年
岩波一寛他『現代財政学体系　Ⅰ』有斐閣，1974年
奥田宏司・代田純・桜井公人編『現代国際金融（第三版）』法律文化社，2016年
川口　弘『金融論』筑摩書房，1966年
川口　弘『ケインズ一般理論の基礎』有斐閣，1977年
島村高嘉『図解　金融入門』東洋経済新報社，1999年
代田　純『ユーロと国債デフォルト危機』税務経理協会，2012年
代田　純『ユーロ不安とアベノミクスの限界』税務経理協会，2014年
代田　純『新版　図説　やさしい金融財政』丸善，2009年
代田　純『日本の株式市場と外国人投資家』東洋経済新報社，2002年
代田　純編著『金融危機と証券市場の再生』同文館出版，2010年
代田　純編著『日本の国債・地方債と公的金融』税務経理協会，2007年
建部　正義『はじめて学ぶ金融論』大月書店，1999年
中島真志『入門　企業金融論』東洋経済新報社，2015年
二上喜代司・代田純編『証券市場論』有斐閣，2011年
林　栄夫『財政論』筑摩書房，1968年
堀江康熙・吉野直行『基本テキスト1　金融』東洋経済新報社，2000年
吉田　暁『決済システムとしての銀行・中央銀行』日本経済評論社，2002年
龍　昇吉『現代日本の財政投融資』東洋経済新報社，1988年

著者紹介
代田　純（しろた　じゅん）
1957年　横浜生まれ
1989年　中央大学大学院博士課程満期在籍中退
1991年　㈶日本証券経済研究所大阪研究所研究員
1993年　ロンドン・スクール・オブ・エコノミクス学術訪問員
1994年　立命館大学国際関係学部助教授
1997年　ミュンヘン大学日本センター客員教授
1997年　博士（商学）
2000年　立命館大学国際関係学部教授
2001年　公益財団法人日本証券経済研究所客員研究員（現在に至る）
2002年　駒澤大学経済学部教授（現在に至る）
2016年　ミュンヘン大学日本センター客員研究員
　　　　この他，東京大学，大阪市立大学，成城大学，中央大学で非常勤講師

主な著書
単著
『ロンドンの機関投資家と証券市場』法律文化社，1995年
『現代イギリス財政論』勁草書房，1999年
『日本の株式市場と外国人投資家』東洋経済新報社，2002年
『図説　やさしい金融財政』丸善，2006年
『新版　図説　やさしい金融財政』丸善，2009年
『ユーロと国債デフォルト危機』税務経理協会，2012年
『ユーロ不安とアベノミクスの限界』税務経理協会，2014年

編著
『日本の国債・地方債と公的金融』税務経理協会，2007年
『金融危機と証券市場の再生』同文館出版，2010年
『証券市場論』（共編）有斐閣，2011年
『現代国際金融（第三版）』（共編）法律文化社，2016年

誰でもわかる金融論　　　　　　　　　　　　　　　　　　　　◎ 検印省略

2016年12月20日　第一版第一刷発行
2019年 1 月30日　第一版第二刷発行

著 者　代　田　　　純
発行所　株式会社 学 文 社
発行者　田　中　千津子

〒153-0064　東京都目黒区下目黒 3－6－1
電話 03 (3715) 1501　振替 00130－9－98842
http://www.gakubunsha.com

ISBN 978-4-7620-2687-4
ⓒ2016 SHIROTA JUN　　Printed in Japan

落丁，乱丁本は，本社にてお取替え致します。
定価は売上カード，カバーに表示してあります。
印刷／東光整版印刷株式会社